Plus précieuse que des perles

La bénédiction d'une mère et la faveur de Dieu envers les femmes

Plus précieuse que des perles :
La bénédiction d'une mère et la faveur de Dieu envers les femmes

© 2016 Anne Hamilton et Natalie Tensen
Traduction : Constance Mbassi Manga © 2019

Publié par Armour Books
P. O. Box 492, Corinda QLD 4075, Australia
www.armourbooks.com

ISBN : 9781925380156

Crédit photo de couverture pressmaster : (Canstock photos)
Citation des Saintes Écritures :
BDS — Bible du Semeur
BFC — Bible en français courant

Plus précieuse que des perles

La bénédiction d'une mère et la faveur de Dieu envers les femmes

Anne Hamilton
Natalie Tensen
Traduction : Constance Mbassi Manga

Dédicace

À Dell Hamilton
À Ann Elizabeth
Avec tout mon amour

Crédit illustration/graphisme :

Chapitre 1 — Benjamin West : Portrait of Elizabeth Shewell West and Her Son Raphael; c. 1770

Chapitre 2 — Museyushaya : Traditional Jewish Wedding Ceremony; Canstockphotos

Chapitre 3 — Asta Lander : Comfort Angel; astalander.com.au

Chapitre 4 — NeoCortex : Semitic Traditional Young Woman (1888); Dollarphotos

Chapitre 5 — Robyn Kannan : New Beginnings; robynkannan.com

Chapitre 6 — Kayleen Jensen : Kiss the King; facebook.com/kayleenjensenfinearts

Chapitre 7 — Safina Stewart : Strong Communites 2 (2011); Traditional Country : Mabuiag Island, Torres Strait and Wuthathi Country, QLD; www.artbysafina.com.au

Notes — Robyn Kannan : The Gift; robynkannan.com

Endnotes — Robyn Kannan : The Gift; robynkannan.com

Crédit prières :

O'Hara, J; The Mustard Seed, Hesed Publications, Nambour Qld 2010

Table des matières

1	Femme et mère : Donneuse d'armure	4
2	Femme et mère : Porteuse d'armure	14
3	Femme et mère : Sentinelle	28
4	Femme et mère : Échanson	38
5	Femme et mère : Celle qui change la donne	50
6	Femme et mère : Gardienne	60
7	Femme et mère : Supérieure à des perles	72
	Notes de fin	84

Prologue

Tous les matins lorsque je me rends au travail, je passe devant un énorme panneau d'affichage situé au bord de la route. Quatre mots en grandes lettres blanches sur fond pourpre royal. Ce lettrage à l'effet frappant attire toujours mon regard. « Maman mérite le meilleur ».

C'est une publicité pour une maison de retraite. Elle est simple mais astucieuse. Et elle sous-entend bien davantage que ces quatre mots : après toutes les années de sacrifices de maman, il est temps de la récompenser pour tout ce qu'elle a fait.

Les mamans sont des personnes spéciales, cela va sans dire. La maman typique a changé nos couches lorsque nous étions bébés, pansé nos égratignures lorsque nous avons fait nos premiers pas, chanté les louanges de nos gribouillis lorsque nous étions au jardin d'enfants, les affichant fièrement sur le réfrigérateur, nous a aidé à faire nos devoirs, nous a donné de l'argent de poche, et a été notre chauffeur personnel durant notre adolescence.

La maman est habituellement celle qui achète les cadeaux d'anniversaire et les cadeaux de Noël. Peut-être que ça lui vient naturellement parce que le mot 'lady'[1] (dame) dans son sens premier signifie celle qui donne du pain ou celle qui offre des cadeaux.

La maman est celle qui réconforte, qui encourage, qui protège, et nous n'en faisons souvent aucun cas.

C'est pour cela que cette publicité est si efficace. Il n'est pas uniquement question ici de se souvenir des sacrifices de maman, mais aussi de se remémorer à quel point il est facile d'oublier tout ce qu'elle a fait.

Peut-être qu'il y a des aspects culturels à prendre en considération dans tout cela. Les Occidentaux n'ont pas une opinion aussi haute des mères que les Orientaux. L'influence de la société dans l'Occident intellectuel affecte même la manière dont les mamans sont présentées dans la Bible. Leur rôle a tendance à être minimisé dans les traductions et les commentaires.

Donc, avant d'aborder la *Bénédiction d'une Mère* à la fin de chaque chapitre, regardons comment Dieu voit les mères. Trop souvent, les femmes ont une opinion tellement négative de tout ce qui est féminin, nous ne croyons pas que nous avons réellement une bénédiction importante à communiquer. N'ayant pas reçu de bénédiction de notre mère, nous ne savons pas où commencer pour nos propres enfants. Commençons donc par examiner ce que la Bible dit réellement des femmes. Préparez-vous à être surpris.e.s !

1
Femme et mère : Donneuse d'armure

1
Femme et mère : Donneuse d'armure

La mere de ben etait allee faire des emplettes, et il était seul à la maison avec sa petite sœur Sally. Alors, comme le font souvent les petits garçons, il décida de s'amuser. Il résolut de peindre un portrait.

Il trouva quelques bouteilles d'encre colorée et se mit au travail. Très rapidement, il y avait des taches partout. Une traînée de taches marquait ses déplacements à travers la pièce.

Lorsque sa mère revint, elle constata les dégâts dans le silence le plus absolu. Elle ne dit rien jusqu'à ce qu'elle ait aperçu le portrait. « Et bien, c'est Sally ! »

Elle embrassa le petit garçon.

« Ce baiser de ma mère fit de moi un peintre, » se souvient Benjamin West des années plus tard.

Il devint l'un des artistes les plus renommés du XVIIIe siècle.

Un baiser n'est jamais *simplement* un baiser.

Dans les Écritures, un baiser est également le moyen par lequel nous recevons l'armure. Ce n'est pas une coïncidence que soient dissimulées dans l'armure de Dieu mentionnée dans Éphésiens 6 : 13–18 des références à la paix, à la foi, à la justice, et à la vérité. Cette combinaison de vertus fait allusion au *baiser* du ciel et de la terre mentionné dans le Psaume 85 : 10–11.

Elle est également destinée à être un rappel subtil du fait que le mot embrasser en hébreu est le mot identique au mot qui signifie *se revêtir de l'armure*. Cela peut sembler étrange à première vue, mais si on y réfléchit un peu plus longuement, on perçoit la profondeur de cette idée : une étreinte tendre qui nous donne de la force pour les batailles que nous devons affronter au quotidien. Lorsqu'on nous prend dans les bras, cela nous montre que nous ne sommes pas seul.e.s lorsque la vie est un combat. Un baiser est le meilleur arsenal disponible lorsque nous devons être équipé.e.s pour le combat quotidien.

Lorsque nous ne recevons pas assez de chaleur humaine, ou de câlins salutaires lorsque nous sommes bébés, nous éprouvons alors plus tard un besoin impérieux de recevoir de l'affection. Si personne ne nous a tenus avec amour dans ses bras quand nous étions tout petits, nous grandissons sans armure pour nous protéger du monde.

Le toucher donne la vie.

L'histoire du petit-fils d'Isobel en est la preuve la plus évidente. Lorsqu'il est né, elle a demandé à ses amis d'élever une pluie de prière lorsque sa belle-fille Kate a dû affronter un accouchement prématuré de jumeaux. À 26 semaines de grossesse à peine, leur chance de survie était très limitée. En effet, le plus âgé des jumeaux, Jamie, ne s'est pas mis à respirer, et on pensait qu'il ne vivrait que quelques instants.

Au bout de 20 minutes, les médecins ont interrompu leurs efforts pour le sauver. « Je l'ai vu haleter… », insista Kate. Mais les médecins avaient abandonné.

Kate a alors demandé à tenir le corps de Jamie, et a demandé à son mari David de le serrer dans ses bras avec elle. « Nous essayions d'avoir un enfant depuis des années… », dit-elle. « Je voulais tout simplement le serrer dans mes bras... Nous essayions de le persuader de rester. Nous lui avons expliqué son nom, et qu'il avait un jumeau qui l'attendait, et combien il avait été difficile pour nous de l'avoir. Soudain, il a haleté... Puis il a ouvert ses yeux. Il s'est mis à respirer et a attrapé le doigt de Dave. »

« Si nous avions laissé le docteur sortir de la pièce avec lui, Jamie serait mort. »

Le toucher donne la vie. Après la naissance, le contact de peau à peau est largement reconnu comme étant très utile pour les bébés, cela les aide à s'adapter à leur nouvel environnement[i].

Après la chute du dictateur Nicolae Ceaușescu, les orphelinats en Roumanie ont reçu la charge de s'occuper de bébés abandonnés. Plusieurs enfants étaient malades et sont morts dans ces institutions surpeuplées. Cependant, un petit nombre d'enfants se sont développés normalement. Et ce petit nombre d'enfants avait quelque chose d'étrange en commun : c'était les nourrissons qui se trouvaient le plus près de la porte. Quel traitement préférentiel recevaient-ils ?

Lorsqu'on s'est penché sur la question, ce qui fut mis en évidence est le fait que ces bébés étaient ceux qui recevaient le plus souvent une petite tape ou une douce caresse de l'infirmière ou de la femme de ménage lorsqu'elles entraient ou sortaient de la pièce.

C'est justement le type de choses que les mères font naturellement.

Nous avons été créés pour être enlacés[ii].

Lorsque l'on nous prive d'un toucher affectueux (une simple étreinte, une tape sur l'épaule, une caresse dans les cheveux), nous finissons par aspirer à des signes d'amour et d'acceptation. Le vide à l'intérieur de nous a besoin d'être rempli. Nous finissons par répondre à ce besoin mais pas de la bonne façon et pas dans les bons endroits. Nous nous agrippons à celles ou ceux qui nous offrent l'acceptation ou l'approbation et le soutien, même lorsque nous savons que ces personnes nous manipulent à leurs propres fins.

Dieu porte plusieurs noms. Le premier nom qu'Il a révélé avait des nuances fortement maternelles. 14 ans après que Dieu ait fait une alliance de sang avec Abram, Il lui apparaît pour faire une alliance de nom. Il lance cette deuxième alliance en annonçant Son nom qui était 'El Shaddaï'.

À la fin de cet échange de noms, Abram sera devenu Abraham, et Saraï, Sarah. Le 'h' qui a été ajouté à leurs noms provient du nom de Dieu Lui-même. Selon la culture juive, *hei*, 'h', symbolise la fécondité et la grossesse. En ajoutant un 'h' tiré de son propre nom à Abram, Dieu lui offrait la promesse divine que leur fils tant attendu serait bientôt là. La longue attente tirait à sa fin.

Un nouveau nom nous rend la succession que Dieu a mis de côté comme notre héritage. Il nous fait entrer dans notre destinée. Lorsque Saraï devient Sarah, ses années de stérilité arrivent à leur terme. Elle est sur le point d'hériter de la promesse de l'enfant spécial, celui qui est né de son propre corps.

Les accents maternels de cette alliance ne se sont pas arrêtés au 'h' présent dans les nouveaux noms d'Abraham et de Sarah. Ils sont également visibles lorsque Dieu se présente comme El Shaddaï. Normalement on traduit ce nom par *Dieu tout-puissant* mais sa traduction littérale est *Dieu, Celui qui a la poitrine forte.*

Dieu a dit à Abram qu'Il est le Nourricier Suprême. En tant qu'enfants d'Abraham, entés sur son arbre généalogique, Dieu veut nous attirer dans le cercle de Ses bras. Il veut nous chérir, nous combler de Ses dons incommensurables.

Dans son portrait, *Le Retour du fils prodigue*, Rembrandt a peint la silhouette d'un père qui se penche au-dessus d'un fils à genoux et qui a une main masculine et une main plus féminine. Ce faisant, le peintre a représenté l'image des attributs paternels et maternels de Dieu. Au temps des prophètes, la protection de Dieu était comparée aux ailes d'un aigle. Quelquefois, Il défendit Ses enfants en les cachant sous Son ombre, et d'autres fois en les portant sur Son dos. À l'époque de Jésus, lorsque l'aigle symbolisait les armées brutales et dominatrices de Rome, la protection de Dieu était plutôt comparée à celle d'une mère poule avec ses poussins.

Les deux images sont vraies, l'aigle et la poule, le lion et l'agneau.

Et même si nous nous sommes détournés de Lui, Dieu est toujours prêt à nous rencontrer où nous sommes et nous ramener. Il désire chanter une berceuse sur nous (Sophonie 3 : 17, traduction littérale de la version anglaise), et nous calmer avec Son amour. Sa paix, Sa sécurité, Sa consolation et Son réconfort sont disponibles.

Il attend simplement.

Calmez votre esprit et levez votre visage vers Son baiser qui nous recouvre de notre armure.

Prière pour moi-même :

Merci Seigneur Dieu du ciel, parce que Tu t'es révélé premièrement en utilisant un nom qui nous parle de soins maternels. Prends soin de moi pour que je puisse prendre soin des autres. Si je n'ai pas reçu les soins qu'il me fallait, remplis le vide qui a été laissé par ce manque.

Embrasse-moi pour que je puisse être revêtu.e de Ton armure, et donne-moi l'aptitude à revêtir les autres de Ton armure. Permets-moi de donner et de recevoir les tendres sourires sincères et étreintes salutaires, les baisers-papillons et les tendres caresses qui parlent au monde de Ton nom, El Shaddaï.

Attire-moi dans le cercle de Tes bras et laisse-moi me reposer là tandis que j'apprends la chanson que Tu chantes au-dessus de moi et que je m'accorde aux désirs de Ton cœur. Calme-moi avec les Ton amour, couvre-moi de la fraîcheur de Ta paix douce et profonde, et permets-moi de me saisir du trésor le plus grand et le plus précieux, Toi !

Au nom de Jésus et par la puissance de El Shaddaï, le Dieu qui réconforte, qui élève et qui nourrit.

Amen

Prière pour mes enfants :

Mon enfant, en tant que mère aujourd'hui, d'après la parole de Dieu, je voudrais que tu saches que tu es spécial et unique à Ses yeux. Je demande que tu sois perçu.e par les autres aujourd'hui à travers les yeux du ciel, une bénédiction pour le monde en ce moment précis.

En tant que mère aujourd'hui, je veux te bénir, du moment de ta conception à cette minute précise. Je bénis chaque journée que tu as vécue sur cette terre. Je bénis ta conception et je t'accueille comme le don que tu es pour ce monde, pour tes amis et ta famille.

Je demande que le 'shalom' — la paix abondante de Dieu — te recouvre et te lave. Seigneur, déverse Tes soins et Ton réconfort divin et parfait. Bien-aimée, je bénis ton esprit — je t'appelle à la vie et à la destinée que ton Père céleste a réservée pour toi.

Je te bénis, reçois la paix du ciel. Qu'elle coule sur toi jusque dans les parties les plus profondes de ton cœur, de ton esprit et de ton corps. Je demande à El Shaddaï d'enlever toute honte de ton identité et je Lui demande de restaurer la paix là où l'angoisse a pris racine à travers des besoins qui n'ont pas été pourvus. El Shaddaï, extrais tout traumatisme lié au rejet ou à l'abandon. Je Te demande de le remplacer par Ton amour, Ta douceur et Ta compassion, que Tu déverses dans l'esprit et le corps de mon enfant, lavant et nettoyant tout ce qui était là avant.

El Shaddaï, élimine la honte qui était sur Ton enfant, résultant de la pensée qu'il fallait être performant pour être accepté, que l'amour est conditionnel et soumis à la critique. Je te demande pardon pour ces moments. Quand je n'ai pas pu nourrir, prendre soin et réconforter mon enfant, ou là où il y a eu un manque de confort et de disponibilité, s'il n'a pas pu développer un fort sentiment d'attachement, je Te demande El Shaddaï de restaurer le confort et la sécurité de Ton enfant précieux.

Au nom de Jésus-Christ et par la puissance de El Shaddaï, le Dieu qui réconforte et qui nourrit.

Amen

2
Femme et mère :
Porteuse d'armure

2
Femme et mère : Porteuse d'armure

Une danse extraordinaire, le *HORA*, est effectuée lors des mariages traditionnels juifs. Les invités entourent le marié et la mariée et les soulèvent sur des chaises. C'est terriblement excitant et parfois terrifiant pour le couple alors qu'ils se balancent par-dessus les têtes des invités. Le marié tient une petite étoffe blanche ; il la lance en tenant un des côtés pour que la mariée l'attrape, les reliant tous les deux dans la danse.

L'action de soulever le couple sur des chaises symbolise un rappel de ce qu'un mariage devrait être. Le mot hébreu pour marié, *nasu*, vient du mot *nasa*, qui signifie *soulever*. Cette danse dit au couple que l'intention de Dieu pour le mariage est que chaque partenaire élève l'autre.

Alors que les chaises vacillent autour de la pièce avec la mariée et le marié dessus, les nouveaux mariés démontrent ce que le mariage doit signifier : l'encouragement et l'édification, le soutien et l'élévation mutuels. Ils sont censés s'édifier dans l'amour pour qu'ils puissent s'élever pour affronter les défis ensemble, surmonter les obstacles ensemble, et s'élever l'un l'autre si nécessaire, être le soutien l'un de l'autre et le compagnon d'ascension pour le parcours ardu qu'est la vie.

Chose étonnante, la danse *hora* est également symbole de soumission.

L'un des mots en hébreu pour soumission vient de *nasa*, élever/
soulever[iii]. En fait, le mot hébreu pour soumission est diamétralement
opposé à son homologue en grec, *hupotasso*. Les deux termes ont des
nuances militaires, mais le mot hébreu a le sens de *soulever* alors que
le mot grec a le sens de être en-dessous ou être abaissé. Avec le temps,
à cause de notre dépendance des nuances grecques au lieu de l'hébreu,
soumis est devenu associé à *réprimé/maîtrisé*.

Paul avait clairement conscience du risque d'incompréhension
concernant la soumission. Il s'est donné beaucoup de mal pour
expliquer l'aspect mutuel de 'hupotasso' immédiatement après avoir
dit aux femmes éphésiennes, « Femmes, soumettez-vous à vos
maris. » (Éphésiens 5 : 22)

Ces femmes avaient préalablement participé au culte d'Artémis,
la déesse éphésienne. Lorsqu'elles se sont tournées vers la foi
chrétienne, avec leurs maris, elles ont brûlé leurs parchemins de
sortilèges et de sorcellerie, ainsi que leurs objets de magie rituelle
(Actes 19 : 19). Elles ont renoncé à leur dévotion à la déesse de
la ville. Cependant, le fait que Paul ait choisi un terme militaire,
'hupotasso', suggère l'existence de vestiges d'une loyauté persistante
dans la mentalité de ces femmes. Les fondatrices de la ville étaient
les fameuses Amazones, ces guerrières connues pour leur mépris
des hommes et du mariage.

À cause de ce passé historique, le choix du terme 'hupotasso' paraît
tout à fait logique. Paul s'adressait à des femmes qui avaient adoré
la voie des guerriers. Et il leur disait en utilisant un langage martial
de ne pas mépriser leurs partenaires masculins mais de les soutenir.
De percevoir le mariage comme un magnifique reflet de l'amour de
Christ pour son Église.

Se soumettre n'est pas la seule traduction de 'hupotasso'. *Soutenir* en
est une autre tout aussi valable. La plupart des traductions négligent
cependant cette option en faveur de termes plus traditionnels, tels
que *se soumettre* ou être soumis à/obéir à.

Dans la traduction de la Bible appelée The Passion Translation, Brian Simmons traduit 'hupotasso' dans Colossiens 3 : 18 en utilisant le terme *solidaire/favorable et dévoué*. Pour arriver à cette traduction, il utilise à la fois les textes grecs et araméens. Cependant, il choisit une signification uniquement tirée de l'araméen lorsque dans Éphésiens 5 : 22, il écrit, « ... Épouses, ceci signifie être tendrement dévouées à vos époux comme vous êtes tendrement dévouées à notre Seigneur. »

Cette version évoque des significations tirées de plus d'une ancienne traduction, nous offrant ainsi une compréhension plus contextualisée de la pensée de Paul. Mais il lui manque la saveur militaire des mots originels de Paul. Par conséquent, je préfère : « ... *épouses, encouragez/ élevez/relevez vos époux. Soyez leurs compagnes de combat.* »

Pas des compagnes de combat avec l'idée d'attaquer, mais plutôt de défendre. Dans la pensée hébraïque, la soumission est profondément liée à la protection, à l'idée de couvrir, de veiller sur, et d'être un bouclier. Elle est tellement intégrée à l'idée de se protéger et de se chérir mutuellement que le verset, « Épouses, soumettez-vous à vos maris » n'est pas la seule fois que Paul passe de l'idée de la soumission à l'amour et ensuite à l'armure.

Il fait la même chose dans Romains 13 : 1 (version HCSB) Lorsqu'il dit : « *Soumettez-vous aux autorités gouvernantes* ». Dans l'épître aux Éphésiens, il continue en décrivant en détail les pièces de l'armure de Dieu, alors que dans l'épître aux Romains, il parle de se réveiller pour revêtir l'armure de lumière.

Cette transition n'est pas une coïncidence.

L'armure, comme nous l'avons vu, a tout à voir avec le baiser. Dans les Écritures, la soumission commence par une chanson et se termine par un baiser. Un baiser divin : le baiser surnaturel de Dieu qui nous revêt d'une armure invincible.

L'idée hébraïque de la soumission intègre une image complexe de la compagne de combat, une aide armée d'initiative, de courage et de loyauté. Certains croyants veulent réduire cette image à celle d'un robot servile et obéissant.

Mais la compagne de bataille ne devrait jamais être considérée comme un automate irréfléchi. Étant appelée à *se soumettre*, l'épouse est appelée au rôle de 'paraclet'. Dans une cour de justice, le 'paraclet' était la personne qui se tenait près de vous, défendant votre cas. Sur le champ de bataille, le paraclet était votre partenaire, le coéquipier qui s'était entraîné avec vous pour que, au cœur du combat, vous deveniez une équipe unifiée. Vous manœuvriez pour pouvoir combattre dos à dos, vous protégeant mutuellement. Si l'un d'entre vous venait à tomber, c'était le rôle du paraclet que de se tenir par-dessus le corps blessé de l'autre, continuant à combattre et lui servant de bouclier protecteur. Une fois le combat terminé, votre paraclet vous transportait hors du champ de bataille, vous réconfortait, et soignait vos blessures.

Le terme hébreu équivalent du mot grec qui signifie *partenaire de combat*, 'paraclet', était 'nasa keliy', *porteur d'armure*. La porteuse d'armure était la partenaire d'alliance, reconnue comme *la gardienne de la tête de son partenaire*. Lorsque l'autorité/le rôle de chef de famille est perverti et transformé en domination, la porteuse d'armure est limitée dans son aptitude à accomplir sa vocation.

Au lieu de se rendre compte que la mise en garde de Paul dans Éphésiens 5 : 22 communique l'idée de soutien *mutuel*, certains maris l'utilisent comme une justification pour agresser et contrôler, et même pour mépriser les femmes qui ne se soumettent pas. Paradoxalement, une recommandation faite à des femmes qui vivaient dans une culture ayant une longue histoire de mépris des hommes a été inversée. Les hommes ont fini par mépriser leurs partenaires en sortant de son contexte la recommandation de Paul aux Éphésiennes qui consistait à ne pas les mépriser !

À travers le monde, la violence conjugale s'aggrave de façon considérable et atteint des sommets inégalés. En Australie, c'était rarement une cause de décès auparavant. Cependant, à l'heure actuelle, près de deux femmes par semaine en moyenne sont tuées par leurs partenaires. L'Église se doit de reconnaître sa responsabilité considérable dans ce domaine. Les paroles de Paul ont été tellement souvent sorties de leur contexte par le passé qu'une culture de domination masculine s'est développée. De nos jours, dans plusieurs régions du monde, elle existe toujours, parfois de manière subtile, parfois ouvertement.

La combattre directement, c'est se prendre au même jeu. J'ai eu des patrons hommes et femmes, et franchement, ces dernières ont souvent été les pires tyrans. Peut-être était-ce parce qu'elles essayaient de prouver quelque chose.

Pour détruire la domination, nous devons comprendre le concept biblique de la soumission et l'appliquer au mariage et au gouvernement.

Le fait que nous soyons appelé.e.s à nous soumettre à Dieu signifie que nous devons L'élever. Il n'est pas un Roi répressif, oppressif, ou suppressif. Il nous appelle à régner avec Lui. Alors que nous L'élevons, Il nous élève. Le terme qui se traduit par *souverain* ou *prince* est 'nasiy', dérivé de 'nasa'. Le mot araméen qui signifie épouses est 'nasiyn'[iv].

Le mode de pensée poétique de Paul lorsqu'il a écrit, *'Soumettez-vous aux autorités gouvernantes'*, inclut deux dérivés de la même racine, 'nasiy' et 'nasa', ce qui communique l'idée suivante : *élevez les dirigeants*. Ses idées poétiques lorsqu'il a écrit, *'Épouses, soumettez-vous à vos époux,'* mêlent des mots similaires, 'nasiy' et 'nasa', pour dire : épouses, élevez...

Dans le premier cas, la conclusion est : élevez les dirigeants du peuple pour qu'ensemble vous puissiez construire une nation dont la grandeur s'accroîtra et qui conduira les autres vers le nom Saint et Élevé de Dieu. Dans le deuxième cas, la conclusion est : élevez votre partenaire d'alliance pour qu'ensemble vous puissiez construire une famille qui se soutiendra mutuellement et s'élèvera pour conduire les autres vers le nom Saint et Élevé de Dieu.

Oui, il y a un nom de Dieu qui signifie *élevé*. Lorsque Dieu se révèle comme Jehovah/Yahweh Nissi, c'est à une époque désespérée de l'histoire d'Israël. Le titre 'nissi' qui vient de 'nasa' signifie *élevé*, mais ce nom est souvent traduit par *le Seigneur est ma Bannière*.

Dans Exode 17, les féroces Amalécites qui vivaient dans le désert ont attaqué le peuple d'Israël pendant qu'il y errait. Moïse a ordonné à Josué de mener la contre-attaque alors qu'il montait sur la colline pour prier Dieu. Imaginez son épuisement physique et émotionnel ; il venait tout juste de gérer 1 million de personnes (et si vous pensez que j'exagère, non, je sous-estime plutôt) qui se plaignaient amèrement disant qu'elles allaient mourir par manque d'eau. Dans cette situation stressante, Dieu lui avait dit de frapper un rocher avec son bâton pour faire couler de l'eau.

Une crise cède le pas à une autre pendant que le camp est attaqué. Moïse monte sur la colline avec ce même bâton et le lève vers le ciel. Et tant que ses bras sont levés vers le ciel, les Israélites dominent. Dès que ses mains commencent à s'affaisser, les Israélites perdent. Aaron et Hur doivent se tenir à ses côtés, soulevant ses bras jusqu'à ce que les Amalécites soient complètement vaincus.

Yahweh Nissi fait référence au Dieu qui nous couvre dans le combat alors que nous élevons nos mains dans la prière et la louange. Ce nom fait référence au fait de travailler ensemble comme une seule équipe : Josué n'aurait pas pu le faire tout seul. Il n'aurait pas pu mener le combat sans l'intervention divine, et pour cela il a fallu que Moïse continue à invoquer le nom de Celui qui élève, qui porte Son peuple durant le combat et le porte en toute sécurité tout au long de la journée de combat. Cependant, Moïse non plus n'aurait pas pu le faire tout seul. Il n'aurait pas pu être un point de ralliement alors qu'il tombait de fatigue. Par conséquent il dépendait d'Aaron. Et même Aaron n'aurait pas pu faire ce qu'il avait à faire tout seul : il avait besoin de l'aide de Hur.

Josué a vraiment pris la leçon de Yahweh Nissi — le Seigneur est ma Bannière — à cœur. Des années plus tard, au cœur d'une bataille similaire contre les Amoréens[v], il invoque Dieu, demandant un miracle : il demande que le soleil s'arrête.

Le mot qui se traduit *miracle,* 'nes', est également dérivé de 'nasa'.

N'est-ce pas incroyable ? Lorsque les époux se soutiennent mutuellement, que les parents soutiennent mutuellement leurs enfants, ils deviennent partie intégrante du nom de Dieu.

Des miracles se produisent.

Prière pour moi-même :

Élève-moi, Père céleste, pour que je puisse T'élever. Porte-moi sur les ailes de l'aigle pour que je puisse élever Ton Nom plus haut. Élève Ta bannière d'amour sur moi pour que je puisse élever une bannière d'amour pour honorer Ton Nom.

Chaque fois que je suis tentée de mépriser les hommes, comme les Amazones des temps anciens, tire-moi vers le haut et accorde-moi la grâce de me repentir. Je me repens pour les fois où j'ai manqué d'honorer mon père terrestre, mes frères par le sang et dans le Seigneur, mon époux et mes fils.

Seigneur, aide-moi à être une épouse qui élève et une mère qui élève. Aide-moi à Te représenter, Yahweh Nissi, auprès de mon mari, mes enfants, mes amis, et auprès des étrangers. Accorde-moi le miracle de la force, la patience, la foi, l'endurance et l'amour pour être capable de faire l'impossible. Lève mes mains, Ô Seigneur, pour que mes actes de maternité Te louent.

Merci Jésus, et merci Saint-Esprit, parce que Tu es le 'gardien de ma tête', mon paraclet et mon compagnon de combat, mon porteur d'armure et mon défenseur par alliance. Je Te loue pour Ta fidélité et pour Ta volonté de me protéger lorsque je me réfugie en Toi. Révèle-moi ces endroits cachés où je trouve du réconfort loin de Toi, et motive-moi à toujours rechercher Ta couverture/protection.

Père, s'il Te plaît embrasse-moi pour que je sois revêtue de Ton armure. Aide-moi à réparer les trous ou les espaces dans l'armure que Tu me donnes en me montrant ce que je dois pardonner, les actes dont je dois me repentir, les habitudes que je dois confesser et dont je dois me débarrasser. Fais-moi le don de l'équilibre divin pour que je sache que, même si Tu m'appelles à être une porteuse d'armure, je ne dois jamais prendre Ta place de Porteur d'armure céleste. Accorde-moi la sagesse pour que je puisse discerner comment être un paraclet, sans jamais prendre Ta place de Paraclet céleste. Accorde-moi l'intelligence pour que je puisse être une défenseuse par alliance, sans jamais prendre Ta place de Défenseur par alliance céleste.

Au nom de Jésus et par la puissance de Yahweh Nissi, le Dieu qui nous élève et qui tient Sa bannière d'amour au-dessus de nous.

Amen

Prière pour mes enfants :

Père, je Te demande le baiser du ciel qui est l'armure de Dieu sur Tes enfants précieux, recouvre-les aujourd'hui. Je te demande d'entourer leurs précieuses vies de Ta protection et de Ta paix. Jésus, je Te demande de les protéger sous tes ailes qui 'guérissent' — Ton châle de prière — les entourant de Tes prières devant le Père. Comme une maman oiseau couvrant et réchauffant ses petits, Seigneur Dieu s'il Te plaît recouvre-les et protège-les, et je prie particulièrement pour leur guérison et leur restauration.

Je Te demande, Père, de les délivrer de la honte et la peur d'être vu.e.s. Alors que les cœurs de Tes enfants s'ouvrent, donne-leur le courage d'être vulnérables, d'être libres de demander ce dont ils ont besoin, de se détourner de la crainte, et de ne plus désirer être cachés.

Enfin, en tant que mère aujourd'hui, d'après la Parole de Dieu, une fois de plus je veux que tu saches, mon enfant, que tu es spécial.e et unique aux yeux de Dieu.

Je demande que tu sois vu.e par les autres à travers les yeux du ciel : comme une bénédiction pour le monde en ce moment même. Comme Esther, qui est née et a été envoyée par la grâce et la faveur à un moment divin de l'histoire, puisses-tu être envoyé.e par le Seigneur pour être celle/celui qui se lève pour la Justice et la Miséricorde dans ta génération.

Je te libère aujourd'hui, mon enfant, pour que tu sois caché.e en Christ et que tu trouves ta force en Lui seul. Je t'envoie vers Lui pour qu'Il puisse t'armer de force et de courage pour le chemin que tu empruntes aujourd'hui.

Père Céleste, montre à mon enfant comment se connecter avec Toi et aussi comment boire de Ton fleuve, ce fleuve qui coule de Ton trône.

Je te bénis, mon enfant, afin que tu connaisses cette connexion comme ta véritable source de paix et de protection.

Au nom de Jésus et par la puissance de Yahweh Nissi, le Dieu qui nous élève et qui tient Sa bannière d'amour au-dessus de nous.

Amen

3
Femme et mère : Sentinelle

3
Femme et mère : Sentinelle

'Recherchez plutôt la beauté de l'être intérieur, la parure impérissable d'un esprit doux et paisible, qui est d'une grande valeur aux yeux de Dieu. Telle était la parure des femmes pieuses d'autrefois, qui espéraient en Dieu.'

1 Pierre 3 : 4–5 BFC

Dans les écritures, l'honneur rendu aux femmes est souvent masqué par notre tendance à déraciner un verset et l'examiner en-dehors du sol dans lequel il a été planté.

Prenons, par exemple, ces paroles de Pierre à propos de la beauté des femmes. Le lecteur superficiel interprétera toutes les traductions comme interdisant les salons de beauté, les coiffeurs, les bijoux et les vêtements coûteux. Et au fil des siècles, ce type d'interdiction est exactement ce que certaines personnes religieuses — hommes et femmes — ont mentionné avec insistance. Des interprétations aussi littérales peuvent donner aux femmes le sentiment d'être des citoyennes de second ordre, reléguées à porter des cheveux longs et des tenues démodées.

Paradoxalement, cette phrase prise au sens littéral ordonne aux femmes de ne rien porter du tout ! C'est sans doute la raison pour laquelle les traducteurs modernes rajoutent systématiquement le mot élégant' avant le mot ''vêtements'. Ils se sentent obligés d'insérer un adjectif qui ne figure pas dans le texte original.

Pas de coiffeur donc ? Eh bien, nous pouvons toutes adopter le look de Raiponce.

Pas de bijoux ? Je suppose que cela a du mérite. Ainsi nous éviterons d'inciter d'autres femmes à la jalousie ou au sentiment qu'elles doivent être compétitives.

Mais pas de *vêtements ? Ah, cela explique pourquoi le look de* Raiponce était indispensable !

Laissons de côté les remarques facétieuses. C'est si facile d'oublier que la traduction inclut *toujours* une part d'interprétation. Les traducteurs modernes ont eu raison de ne pas juste se limiter aux mots utilisés, et d'insérer un adjectif pour que ce soit clair pour tous que Pierre ne proposait pas la nudité.

C'est dommage qu'un si grand nombre ait opté pour cette approche spécifiquement dans ce texte, ne remarquant pas l'allusion subtile qui le précède. Des relents anciens de spécificité variant en fonction du genre, incrustés dans les mots 'bijoux en or' résonnent à travers ce passage.

Environ 600 ans avant que Pierre n'écrive ce passage, le peuple d'Israël avait établi son campement autour du mont Sinaï. Moïse était sur la montagne ; il parlait avec Dieu, et il est resté tellement longtemps que le peuple est devenu impatient. Finalement, cédant à la pression, Aaron a donné instruction aux hommes de demander de l'or à tout le monde : à leurs épouses, à leurs fils, à leurs filles.

Ayant fait fondre la quantité considérable de bijoux récoltés, Aaron supervisa la création d'un veau d'or. Lorsque Moïse descendit de la montagne au bout de quarante jours, il fut ulcéré. Il jeta les tablettes en saphir portant les commandements gravés dessus, les fracassant en morceaux.

Quelle que soit la traduction anglaise que vous consultez (et j'en ai personnellement lu plus de soixante), rien n'indique que les femmes *n'ont pas* pris part à la création du veau d'or. Il n'en reste pas moins qu'elles n'avaient rien à y voir. En effet, d'après des rabbins juifs, dissimulée dans les pronoms, on trouve une indication qu'Aaron n'a pas récolté d'or auprès des femmes pour créer l'idole.

Alors, peut-être vous dites-vous que les mères de la tribu d'Israël ne voulaient tout simplement pas se séparer des belles parures que les Egyptiennes leur avaient données lorsqu'elles ont quitté l'Égypte. Ce serait une erreur de penser ainsi. C'était une question de fidélité. Et il n'y a plus aucun doute à ce sujet plus tard, lorsque Moïse demande de l'or pour la décoration du temple, elles sont les premières à apporter leurs dons.

Une fois de plus, la fidélité des femmes n'est pas évidente si l'on se base sur la traduction anglaise.

Le rabbin Yechiel Eckstein fait la remarque qu'un détail important a été omis dans la version suivante : « *Tous ceux qui le souhaitaient de tout leur cœur, les hommes autant que les femmes, vinrent apporter des pendentifs, des boucles, des anneaux, des bracelets et toutes sortes d'ornements en or, et ils les offrirent à l'Eternel avec le geste de présentation.* » (Exode 35 : 22 BDS)

Il souligne le fait qu'en hébreu, une traduction plus littérale de ce verset serait : « Les hommes étaient sur les talons des femmes et ils apportèrent toutes sortes de bijoux en or ».[vi]

Oui, ces mêmes femmes qui avaient refusé de donner leurs parures pour le veau d'or étaient les premières à les offrir pour le tabernacle de Dieu. Elles ont également donné les miroirs en bronze que des femmes égyptiennes leur avaient donnés, pour être refondus afin de forger le grand bassin placé à l'entrée du tabernacle.

Et ce n'est pas tout ! D'après plusieurs exégètes juifs, elles furent les premières à accepter l'Alliance de la Loi[vii]. Par conséquent,

Dieu commença à traiter les femmes de manière différente. Il donna instruction à Moïse d'encourager les femmes en douceur, et d'adresser des avertissements sévères aux hommes.[viii]

Peut-être est-ce la raison pour laquelle l'exhortation de Pierre dans son épître est pleine d'encouragements envers les femmes, les motivant à imiter leurs saintes mères du passé, mais que son ton change pour adresser des avertissements stricts aux maris. Il révèle que c'est un manque de respect envers les femmes qui fait obstacle aux prières :

« *Vous de même, maris, vivez avec vos femmes en tenant compte de leur nature plus délicate; traitez-les avec respect, car elles doivent recevoir avec vous le don de la vraie vie de la part de Dieu. Agissez ainsi afin que rien ne fasse obstacle à vos prières.* »

1 Pierre 3 : 7 BFC

Dans ces paroles, on détecte une allusion encore plus subtile à l'incident du veau d'or. Avant que cet événement ne se produise, les hommes d'Israël avaient le privilège d'être les prêtres de leurs maisonnées. Ils étaient habilités à adresser leurs prières directement à Dieu pour eux-mêmes et pour leurs familles.[ix]

Mais après leur chute dans l'idolâtrie, cet honneur leur a été repris. Il a été remis à la tribu de Lévi, les seuls qui avaient écouté l'appel de Moïse lorsqu'il leur demanda de choisir d'obéir à Dieu.

Pendant plus d'un millénaire et demi, les maris ordinaires n'avaient plus l'accès illimité au ciel avec leurs sacrifices ; au contraire, ils devaient offrir leurs dons à travers les Lévites servant dans le Tabernacle. Lorsque le statut de prêtre a été restauré par la Croix de Jésus, il a été attribué à tous les croyants, les femmes incluses.

Il y a donc une nuance remarquable dans ce que Pierre écrit : il place sur le même plan le respect accordé aux femmes et l'honneur dû à Dieu.

D'après les enseignements juifs, lorsque Dieu punit les hommes en Israël, Il récompensa les femmes. À perpétuité, c'est-à-dire, comme un souvenir éternel de leur fidélité répétée sur le mont Sinaï, la tradition juive relate que Dieu a accordé aux femmes le don d'avoir leurs propres temps de repos. Une fois par mois, le jour de la nouvelle lune, les femmes devaient prendre la journée pour se reposer. Quelque chose me dit que ceci est un hommage dont vous n'avez jamais entendu parler.

D'autre part, il a également offert aux mères en Israël une longue vie. Les exégètes juifs signalent également que, lorsque Nombres 24 : 64–65 raconte l'histoire d'une génération entière qui est morte dans le désert du Sinaï, le passage fait spécifiquement référence aux hommes (à l'exception de Josué et Caleb) et non aux femmes. Rabbi Eckstein nous invite à examiner la version originale en hébreu, indiquant que ce verset dit spécifiquement : « il ne restait donc pas un seul (*homme*) ».

« Pourquoi les femmes ne sont-elles pas mortes dans le désert comme les hommes ? », demande-t-il. « Est-ce parce que Dieu a eu pitié des femmes plutôt que des hommes ? Pas du tout. Les sages nous enseignent que les hommes avaient perdu leur foi lors de cette nuit terrible, quand les espions ont parlé en termes négatifs de la terre d'Israël, mais pas les femmes. Elles ont conservé leur foi. Malgré le fait que les espions aient mentionné des ennemis de larges proportions, des villes bien fortifiées, et une terre qui avalait son peuple, les femmes ont fermé leurs oreilles aux paroles des hommes. Tout au contraire, elles ont ouvert leur cœur à Dieu qui avait promis de les mener vers une bonne terre. Elles ont passé le test de la foi[x]. »

La pensée juive célèbre encore et encore la foi et la fidélité des femmes d'Israël. Et ceci ne s'applique pas seulement à Israël, mais à la grande frustration des historiens, le livre de l'Exode honore deux sages-femmes égyptiennes ordinaires qui craignaient Dieu en mentionnant leur nom pour la postérité, ignorant celui du Pharaon régnant[xi] !

Les paroles de Pierre à propos des cheveux tressés, des bijoux en or et des vêtements peuvent être comprises ainsi : simplement un encouragement à prendre des mesures pratiques pour donner la priorité à Dieu. Tout comme les femmes saintes des millénaires passés le faisaient.

Voilà donc un des nombreux trésors cachés des Écritures concernant la bénédiction d'une mère : elle est appelée à être un exemple de fidélité envers Dieu. Elle est appelée à être un modèle de fidélité indéfectible, inébranlable et résistant à toute épreuve qui permet à la faveur de Dieu de couler et de déborder sur ses fils et ses filles.

Prière pour moi-même :

Merci, Père céleste, pour ces femmes des temps anciens qui ont bénéficié de Ta faveur. Permets-nous d'hériter des bénédictions et des récompenses que Tu leur as accordées et enseigne-nous à les utiliser pour Ta gloire. Façonne nos attitudes pour que nous puissions évaluer de manière critique le temps que nous passons à nous coiffer, appliquer du maquillage, ou faire des achats de vêtements et de bijoux, et que nous nous rendions compte que le temps que nous passons avec Toi en souffre. Indique-nous des mesures concrètes pour rectifier ce déséquilibre. Aide-nous à devenir matures, Père céleste, en foi et en fidélité ; donne-nous une double portion de celles de ces femmes saintes des temps anciens. Merci encore !

Au nom de Ton fils, Jésus de Nazareth, qui est notre paix et par la puissance de Sa croix qui nous donne la paix.

Prière pour mes enfants :

El Shaddaï, je Te demande de montrer Ta faveur aux enfants que Tu m'as donnés dans cette famille et à leurs amis. Accorde-leur toute la douceur de la vie et enseigne-leur à T'honorer pour qu'ils puissent hériter des bénédictions que Tu as préparées à l'avance pour eux avant le commencement des temps. Affermis leurs pas pour qu'ils puissent marcher sans trébucher et sans confusion, pour qu'ils se saisissent de l'appel qui leur apportera le plus de satisfaction et qui apportera la gloire à Ton Nom. Souviens-Toi d'eux dans Ton amour, accorde-leur Ton Salut, et Ta compassion.

Que Ta présence demeure dans Ta Maison. Donne-nous le privilège de Te connaître avec révérence, avec sagesse, avec compréhension et en vérité. Protège-nous, particulièrement les enfants, de tout ce qui voudrait nous persécuter physiquement, émotionnellement, mentalement, spirituellement.

Éveille les enfants que Tu m'as donnés pour qu'ils soient la lumière et le sel de ce monde, pour qu'ils T'aiment, qu'ils s'attachent à Toi, qu'ils embrasent le monde par la puissance de Ta Parole, prêts à accomplir les bonnes œuvres que Tu as préparées à l'avance pour qu'ils les pratiquent.

Père céleste, entends ma prière en ce temps et libère Ta grâce sur Tes enfants et tous les enfants de ce monde.

Enfin, en tant que mère aujourd'hui, d'après la Parole de Dieu, une fois de plus je veux que tu saches, mon enfant, que tu es spécial.e et unique aux yeux de Dieu.

Au nom de Ton fils, Jésus de Nazareth, qui est notre paix et par la puissance de Sa croix qui nous donne la paix.

Amen

4
Femme et mère : Échanson

4
Femme et mère : Échanson

Pour ce qui est d'une lecture éclairée des Écritures, notre référence devrait être tout le conseil de Dieu. Bien trop souvent nous laissons inconsciemment notre subjectivité culturelle, notre partialité historique, les préférences de notre génération nous influencer. Nous laissons notre nature déchue dicter notre compréhension de la Parole de Dieu. Parfois nous la laissons même rectifier les Écritures.

Ivan Panin a souligné le fait que dans les quatre évangiles, il n'y a que deux passages d'une longueur substantielle qui soient contestés. Les copies des manuscrits les plus anciens dont nous disposons n'incluent pas les 12 derniers versets de Marc ni une scène majeure de l'Évangile de Jean.

Ces deux scènes ont en commun la grâce de Dieu envers des femmes qui étaient loin d'être vertueuses. Dans la première, un hommage est rendu à Marie Madeleine — connue comme la personne qui était possédée par sept démons que Jésus a chassés de son corps- car elle y est recensée comme la première personne à être témoin de la résurrection. Dans la deuxième, une femme surprise en plein adultère est présentée à Jésus. Au lieu de la condamner, Il écrit dans le sable, humiliant ainsi ses accusateurs. Une fois qu'ils sont partis, Il lui offre le pardon et une deuxième chance.

Panin a souligné que, en tout cas dans l'Évangile de Marc, bien que les copies les plus anciennes dont nous disposons n'aient pas ces 12 derniers versets, des écrits bien plus anciens y font référence. Il a fait la suggestion qu'un copiste, tel Uzzah qui a étendu sa main pour redresser l'Arche de l'Alliance, a ressenti le besoin de 'rectifier' le témoignage des apôtres en ce qui concerne la place des femmes.[xii]

Ce type d'intervention continue de se produire, à travers les siècles, jusqu'à ce jour. Nous l'avons vu dans la section précédente sur la 'soumission'.

Jerram Barrs a écrit un commentaire dans *Through His Eyes : God's perspective on Women* à propos de la malédiction du péché qui a perverti l'autorité, la transformant en domination. Alors qu'il félicite l'épouse de Nabal, Abigail, pour sa sagesse, son discernement et sa générosité, il révèle que certains pasteurs chrétiens l'ont critiquée parce qu'elle ne s'est pas soumise à son mari. Le fait qu'elle lui ait sauvé la vie était moins important que le fait qu'elle l'ait fait dans son dos.

Dans cette perspective, la soumission est considérée comme une obéissance inconditionnelle. Paradoxalement, une fois que l'on comprend la véritable nature de la soumission, Abigail en est la quintessence.

Son histoire est narrée dans 1 Samuel 25. Lorsqu'on la rencontre pour la première fois, elle est confrontée à un dilemme. Sa maison est sur le point d'être détruite et son mari tué. Pendant plusieurs mois, la propriété de Nabal, son bétail et ses travailleurs étaient protégés des maraudeurs (à deux et à quatre pattes) par un groupe de bénévoles. David et ses hommes campaient près de là, et en bons voisins, ils faisaient le guet, restant à l'affût de potentiels voleurs et prédateurs. Bien sûr, cette sécurité accrue, particulièrement parce qu'elle était gratuite, signifiait que Nabal était en mesure d'augmenter les bénéfices de son commerce de manière substantielle. Il était déjà riche mais cette surveillance des hommes de David l'a rendu encore plus riche.

Arrive un jour où David et ses hommes se trouvant à court de provisions, décident de demander à Nabal de les aider. Après tout, Nabal s'était enrichi sur leur dos. David ne demandait pas de salaire, juste de la nourriture pour répondre aux besoins immédiats de ses hommes. Mais ses messagers ont été rabroués. Peu sage, Nabal a rajouté quelques commentaires offensants à propos de David pour couronner son refus. Lorsque David a entendu ce que Nabal avait dit, il s'est senti insulté. « À vos armes ! », a-t-il dit à ses fidèles.

Lorsque David a entendu ce que Nabal avait dit, il s'est senti insulté. « À vos armes ! », a-t-il dit à ses fidèles.

Lorsqu'Abigail entendit ce que Nabal avait dit, elle sut tout de suite que David se sentirait insulté, elle sut qu'elle devait se dépêcher d'agir pour éviter un massacre.

Au péril de sa vie, elle s'élança pour aller sauver son époux et ses travailleurs. Lorsqu'elle intercepta David et ses hommes, leur offrant toute une gamme de provisions raffinées, David se calma et reconnut à quel point il lui était redevable. Dans sa rage, il aurait tué Nabal.

Finalement, lorsqu'il entendit ce qui s'était passé et se rendit compte à quel point il l'avait échappé belle, Nabal eut un arrêt cardiaque et décéda quelques jours plus tard.

Indépendamment du sort éventuel de Nabal dans cette histoire, Abigail a protégé les deux hommes. Elle a agi directement pour protéger Nabal des conséquences de ses actes. Ce faisant, de manière indirecte, elle a aussi protégé David des conséquences de ses réactions. David s'est rendu compte qu'elle l'avait empêché de commettre un meurtre et lui a été profondément reconnaissant.

Abigail est l'exemple parfait du paraclet qui utilise son sens de l'initiative, prend des risques pour défendre ceux dont elle est responsable, et protège son mari de la bataille qu'il a provoquée. Ironiquement, ceux qui l'accusent de ne pas avoir été soumise à son mari ont mal compris la réalité de la véritable soumission en tant qu'acte de protection. En agissant en tant que 'porteuse d'armes' de son époux, elle devient la 'gardienne de sa tête' et celle qui offre 'une couverture' ainsi que celle 'qui élève'.

Tout comme l'échanson goûte la boisson du roi pour protéger sa vie, Abigail a risqué sa vie pour empêcher Nabal et David de regretter les conséquences de leurs mauvais actes et réactions.

En offrant du pain, de la viande et des fruits aux hommes de David, elle y va avec des armes pour protéger la vie de ses enfants et de sa maisonnée. Ce champ de bataille n'est pas métaphorique ; il est véritablement réel. En effet, le mot hébreu pour *pain*, 'lehem', est le même que le mot pour guerre. (Oui, Bethlehem, *maison du pain*, pourrait tout autant être traduite *maison de guerre*).

Voici le véritable rôle auquel les épouses sont appelées : à être *tendrement dévouées*, comme l'a traduit Brian Simmons, 'soumises', en tant que partenaires de combat et aussi à avoir la sagesse de savoir quand le combat doit être mené avec du pain plutôt qu'une épée.

Bien plus tard, après que David soit devenu roi, une autre femme l'a sauvé des conséquences d'une terrible erreur. Après trois années de famine, David s'est rendu compte que Dieu ne répondait pas à ses prières pour la terre frappée par la sécheresse. Il a alors demandé au ciel : « Pourquoi ? »

La réponse que Dieu lui a donnée était que son prédécesseur, Saul, avait pratiquement exterminé le peuple de Gibéon, brisant l'alliance que Josué avait faite avec eux des siècles avant. David est allé voir les survivants Gibéonites et leur a demandé ce qu'ils voulaient.

Évidemment, ils voulaient la vengeance.

Étonnamment, David leur a permis de l'avoir.

Rompant sa propre alliance avec Saul et Jonathan — qui stipulait qu'il devait prendre soin de leur famille aussi longtemps qu'il vivrait

— et après sa promesse, il a livré les membres de la famille de Saul et a permis aux Gibéonites de les mettre à mort. Ce sont seulement des actes de la concubine de Saul, Rizpah, qui ont réveillé la conscience de David[xiii]. Il semblerait qu'il se soit repenti de manière sincère pour ses actes. Autrement, le cycle des catastrophes liées aux alliances brisées aurait continué à se perpétuer.

Un échanson ne doit pas juste risquer sa vie. Un véritable échanson éveille les consciences.

En tant que femmes et mères, c'est à cela que nous sommes appelées.

Prière pour moi-même :

Père céleste, accorde-moi la sagesse, le discernement et la générosité chaque fois que je suis appelée à résoudre les conflits, et à être une 'gardienne de la tête', une porteuse d'armure, un paraclet, compagne de bataille qui offre couverture et protection, une défenseuse d'alliance, un échanson. Quelle que soit la situation dans laquelle je me trouve, fortifie-moi par ta Grâce pour accomplir le commandement de Jésus d'être aussi « rusés que le serpent et doux comme une colombe ».

Père, je Te demande au Nom de Ton gracieux fils, Jésus de Nazareth, d'être le gardien de ma tête, mon porteur d'armure, mon paraclet, mon compagnon de bataille, ma couverture et ma protection, mon défenseur d'alliance et aussi mon échanson.

Je veux bien, Père, être un vecteur de paix et de pardon envers ceux qui ont méprisé les femmes et leur rôle dans Ton royaume. Permets que le pardon que Ton fils a accordé à tant de femmes durant Son séjour terrestre coule à travers moi vers les autres. Fais de moi un instrument pour élever la voix des hommes et des femmes pour qu'ils puissent accomplir les objectifs du Royaume auxquels Tu les as appelés.

Et, comme Tu es mon défenseur d'alliance, je demande Ta protection sur mes proches. Envoie des anges, je Te prie, pour défendre et veiller sur chaque membre de ma famille. Fais qu'ils gardent également ces dons et biens matériels que Tu m'as confiés dans la tâche d'élever et d'aider les autres pour glorifier Ton nom.

Seigneur, aide-moi à être une femme qui élève les autres et qui réveille les consciences des personnes qui m'entourent pour préserver leur alliance avec Toi. Aide-moi particulièrement à élever Ton nom et à T'honorer devant ma famille, mes amis, ma communauté, et le monde.

Au nom de Jésus de Nazareth, mon porteur d'armure, Celui qui me donne mon armure, ma sentinelle, et mon échanson.

Amen

Prière pour mes enfants :

Abba Père, je Te présente Ton enfant et je Te demande d'aider Ton enfant bien-aimé à être fortifié tous les jours et à apprendre à se reposer sur Toi et Ta grâce.

Bénis Ton enfant en lui donnant la capacité de céder complètement à Ton plan et à Tes projets. Abba Père, veille sur cet enfant et accorde-lui l'amour, la joie, la paix, la patience, la bienveillance, la bonté, la douceur, la fidélité, la maîtrise de soi dans son esprit, à mesure qu'il acquiert de la maturité à travers les étapes de son développement.

Interdis que ces enfants soient ballottés au gré des vagues de la vie et des circonstances mais, quelle que soit la violence de la turbulence, accorde-leur une ancre solide en Toi. Accorde-leur la connaissance de leur véritable identité et également la sagesse d'être capables de s'avancer vers la destinée que Tu as prévue pour eux.

Seigneur, aide à restaurer et réguler les émotions et les relations saines de Tes enfants. Je Te demande d'apporter la tranquillité et le repos à leur esprit et à leur âme quand ils sont bouleversés ou en détresse, ou pris au piège par la colère et la rage.

Abba Père, s'il te plaît élimine le traumatisme des émotions extrêmes de la vie de Tes enfants et enlève toute honte liée à leurs réactions émotionnelles. Père, je Te demande de montrer à Tes enfants comment expérimenter la joie et de leur permettre de trouver des amis qui peuvent les aimer au sein de leur communauté.

Je prie, Te demandant aujourd'hui que le don de la foi soit accordé à ces enfants ainsi que le courage d'affronter toute difficulté à pardonner et toute pensée cachée dans leur cœur causées par la honte, le traumatisme, ou la peur.

Je Te prie, Abba Père, que Tu libères de la force sur ces enfants pour qu'ils croient en Celui dont Hébreux 11 : 5 dit, « *Or sans la foi il est impossible de Lui être agréable, car il faut que celui qui s'approche de Dieu croie que Dieu existe et qu'Il est le rémunérateur de ceux qui Le cherchent.* »

Je prie, Abba Père, de déverser Ta grâce aujourd'hui pour que Ton enfant puisse Te plaire simplement en croyant en Toi.

Au nom de Jésus de Nazareth, qui nous a donné la possibilité de recevoir la grâce de croire.

Amen

5
Femme et mère : Celle qui change la donne

5
Femme et mère :
Celle qui change la donne

ABIGAIL ET RIZPAH SONT LOIN d'être les premières femmes à changer des événements de manière positive.

Au début du livre d'Exode, Dieu n'est pas du tout mentionné. Au début de la Genèse, le livre juste avant, Sa présence est incontournable. Cependant le deuxième livre de la Bible semble commencer dans un vide spirituel.

Andrew Reid dit : « en l'absence de Dieu, cinq femmes se font connaître... S'il y a des héros dans ce texte, ce sont celles-là, pour leurs actes qui ont pour but de préserver l'avenir de Dieu pour Son peuple en protégeant les enfants mâles en général et Moïse en particulier ».[xiv]

Deux femmes ordinaires — des sages-femmes — sont tellement honorées par l'histoire juive qu'on connaît leur nom alors que le nom de la fille de Pharaon n'est pas mentionné. En effet, à la grande frustration de générations d'historiens, même le nom du pharaon régnant est omis. Parce qu'ils n'ont pas préservé ce nom, le pire cauchemar pour un souverain égyptien s'est produit : leurs noms ont été oblitérés, leur existence effacée par leurs successeurs.

Pour commencer, les sages-femmes Shiprah et Puah sont tellement mises en avant qu'elles semblent plus importantes que la sœur et la mère de Moïse — Myriam et Jochebed. Ces deux femmes au rôle essentiel restent sans nom pendant plusieurs chapitres.

Le thème de femmes en tant qu'agents de délivrance et de salut est récurrent. Lorsque Moïse retourne en Égypte, une autre femme le sauve de la destruction. En fait, son acte présage l'intervention de Dieu liée à Son alliance avec Son peuple lors de la première Pâque, car elle utilise du sang pour repousser l'Ange de la Mort mandaté par Dieu.

Durant l'un des épisodes les plus mystérieux des Écritures, Dieu envoie une attaque contre Son propre messager, juste après l'avoir envoyé mener les Israélites hors d'Égypte. Moïse est en route pour l'Égypte avec sa femme Sephorah et son fils Gershom. Ils y vont sur l'ordre de Dieu affronter Pharaon, et sur le chemin Moïse s'arrête et entre dans une auberge.

Là-bas, un ange tente de le tuer. Seule la réaction rapide de Sephorah qui circoncit l'un des mâles (on ne sait pas si c'est Moïse ou Gershom) leur sauve la vie.

Cet épisode qui semble bizarre est compréhensible une fois que l'on reconnaît que, lorsque Moïse a franchi la pierre qui marque le seuil et accepté l'hospitalité de l'auberge, il est entré dans une alliance avec son hôte.

Il est clair que cette alliance devait être une trahison vis-à-vis de Dieu.[xv] Une trahison si énorme que Sa protection n'était plus assurée. Lorsque Sephorah est intervenue en utilisant le symbole de l'alliance pour réaffirmer la loyauté envers Dieu, l'attaque s'est arrêtée — apparemment de manière aussi brusque qu'elle avait commencé.

Voici encore un autre exemple comme plusieurs de ce que nous avons vu auparavant : il met en lumière la fidélité des femmes en contraste avec le manque de foi des hommes. C'est un thème récurrent dans Exode - un thème complètement obscurci dans la traduction anglaise.

Cette loyauté indéfectible des femmes présage celle de ces femmes qui se sont tenues au pied de la Croix et qui, le troisième jour après cet événement qui a brisé le firmament et fait trembler la terre, se sont dirigées vers la tombe avec des onguents pour oindre le corps de Jésus. Ainsi, elles étaient les premières à accepter la réalité de la Résurrection.

Pareillement, dans Exode, on voit que les femmes sont les premières à accepter l'alliance au mont Sinaï. Nous avons également déjà souligné qu'elles n'ont pas donné d'offrande pour le veau d'or mais étaient les premières à en donner pour le Tabernacle.

Elles ont également donné les miroirs en bronze qui leur avaient été offerts par les femmes égyptiennes pour qu'ils soit fondus pour forger le grand bassin, le bassin qui sert à laver, situé à l'entrée du Tabernacle. « *Le jour où Moïse acheva de dresser le tabernacle, il versa de l'huile dessus pour le consacrer et fit de même pour ses accessoires ainsi que pour l'autel et tous ses accessoires. Il les oignit d'huile pour les consacrer* ». (Nombres 7 : 1 BDS)

Yechiel Eckstein commente à propos de ce verset particulier : le mot choisi par les Écritures pour communiquer l'idée de *fini*, 'kalot', signifie également épouse. Une raison qui justifie l'allusion à une épouse à cette époque est liée au fait que les enfants d'Israël étaient l'épouse et Dieu l'époux. Le Tabernacle une fois terminé, serait leur demeure. Cependant, ce mot a une autre signification, il a un double sens. « Kalot » décrit une *fin*, mais fait aussi allusion à un *début*. L'épouse symbolise le début, ce moment où une femme commence une nouvelle vie dans son mariage. Le mot 'kalot', avec ses connotations opposées, nous enseigne que toute fin est également un début.[xvi]

Cela semble étrange mais ici dans ce verset qui parle de Moïse finissant la construction du Tabernacle, nous avons déjà un avant-goût de ce que cela pourrait signifier quand la Parole dit que Jésus a accompli Son œuvre de rédemption et devient les prémices de ceux qui allaient être ressuscités.

Dans ce verset, nous voyons également la conséquence du fait que les mères soient restées fermes, alors que les hommes changeaient constamment. L'achèvement du Tabernacle a frayé le chemin pour un nouveau départ. La fidélité des femmes a fait la différence, encore et encore. Comme nous l'avons mentionné auparavant, Dieu les a traitées complètement différemment : par exemple, dans Exode 19 : 3–6, Il a donné instruction à Moïse d'encourager les femmes en douceur, et d'adresser des avertissements sévères aux hommes.

Suite à l'incident du veau d'or, les hommes ordinaires ont perdu le droit d'être les prêtres de leur propre maisonnée. La seule exception était les Lévites, parce qu'ils ont soutenu Moïse lorsqu'il a appelé le peuple à revenir à Dieu. Ce droit a finalement été rendu aux hommes à travers l'oeuvre de Jésus. Mais il n'était plus exclusif. Tous les croyants ont été invités à prendre part au sacerdoce de Jésus.

« *Il n'y a plus ni Juifs ni non-Juifs, il n'y a plus ni esclave ni homme libre, il n'y a ni homme ni femme. Unis à Jésus-Christ, vous êtes tous un.* » (Galates 3 : 28 BDS)

Mais naturellement, tous les hommes juifs ne sont pas aussi inclusifs que Jésus. Bon nombre d'entre eux étaient aussi misogynes que les Grecs. Aujourd'hui, en grande partie conformément à notre héritage rationnel grec, nous reléguons toujours les femmes au second rang. Certaines dénominations réservent la prêtrise aux hommes, et même pour celles qui ne le font pas, les orateurs invités dans les conférences révèlent généralement une préservation intéressante de ce privilège masculin.

Le problème de cette vision déformée de la valeur du féminin et du masculin est simple. Nous perpétuons la séparation de l'homme et de la femme qui s'est produite lors de la Chute. Au lieu d'épouser l'unité de l'alliance de l'Épouse et de son Rédempteur.

Lorsque que les femmes sont déshonorées, les prières sont entravées et restent sans réponse. « *... elle est votre égale en ce qui concerne le don* *de la nouvelle vie en Dieu. Traitez-la comme vous devez le faire, ainsi vos prières ne seront pas entravées* ». (Traduction littérale de la New Living Translation).

D'autre part, lorsque les hommes sont déshonorés, leur autorité est affaiblie et leur protection est atténuée.

L'honneur mutuel reflète le projet de Dieu pour le mariage : s'élever et se construire l'un l'autre dans l'amour pour que le monde lui-même commence à guérir.

Prière pour moi-même :

Seigneur, merci pour l'exemple des femmes qui ont changé la donne et risqué leur vie pour d'autres. Donne-moi une âme aussi brave et intrépide que la leur. Lorsque des lois sont proposées qui mettent en danger les personnes vulnérables et sans défense, particulièrement les enfants et ceux qui ne sont pas encore nés, fortifie ma détermination à Te vénérer et à me battre pour leur cause, au-delà de ma crainte potentielle des réactions humaines.

Seigneur, merci pour l'exemple des mères qui ont trouvé des idées et mis en place des plans pour sauver leurs enfants de situations dangereuses. Accorde-moi des idées qui préservent la sécurité des autres et donne-moi les outils pour mettre ces idées en action.

Seigneur, merci pour l'exemple des femmes qui Te sont fidèles, qui ont tenu ferme en dépit de ceux qui ont déserté et qui ont montré à la communauté à quoi ressemble un engagement sincère. Accorde-moi un cœur loyal qui T'honore dans tout ce que je fais.

Seigneur, ceux que j'ai déshonorés, je Te les présente individuellement maintenant.

Je me repens des pensées de mon cœur et des paroles de ma bouche, Seigneur. Par la puissance de la Croix, je Te demande d'effacer ces paroles déshonorantes où qu'elles soient installées ou enregistrées, dans les cœurs et les esprits des personnes que j'ai déshonorées, dans les parchemins célestes, dans les registres en enfer, à tout endroit sur la terre et dans la trame de l'univers où un tel déshonneur aurait été enregistré. Seigneur, que mes paroles et mes pensées de déshonneur soient comme le nom de Pharaon : effacées pour l'éternité.

Seigneur, purifie-moi de tout ce qui entrave les prières que je T'adresse. Lave-moi et ôte tout ce qui affaiblit l'autorité des personnes au-dessus de moi et qui affaiblit par conséquent mon autorité.

Couvre-moi, en tant qu'épouse, de Ta bannière d'amour. Aide-moi à faire tout ce que je peux pour œuvrer avec Toi pour guérir ce monde.

Au nom de Jésus et par la puissance de Sa Croix, et par la Justice qui nous est donnée par Son sang précieux.

Amen

Prière à déclarer sur mes enfants :

Ma fille bien-aimée, mon fils bien-aimé, enfant de Dieu, je suis sincèrement honorée de te bénir et de prier pour toi en tant que mère.

Déverse Tes soins et Ton réconfort, Saint-Esprit. Je Te demande de venir maintenant et de donner à cet enfant qui est le Tien Ton don de paix et de réconfort. Toi seul es le consolateur et le conseiller, et Seigneur, je Te demande d'éliminer tout traumatisme lié à la négligence, de n'avoir pas été appelé à l'identité et la destinée que Tu as préparées pour cet enfant depuis le commencement des temps.

Déverse Ton rafraîchissement et Ta sécurité sur cet enfant, Saint-Esprit. Je Te demande de venir maintenant, et Lui donner Ta paix et Ta force. Seigneur, je demande que Jésus et le Saint-Esprit, nos défenseurs, présentent ton enfant au tribunal céleste. Défenseurs célestes, s'il Vous plaît, soutenez votre enfant, alors que Toi, Seigneur Dieu, Tu juges et résous les problèmes liés aux blessures infligées par l'ennemi.

Seigneur, s'il Te plaît, appelle à l'ordre toutes les parties du cœur, de l'âme, du corps ou de l'esprit qui ont été affectées par les forces du chaos ou de la destruction et ferme l'accès de l'ennemi à la vie de Ton enfant.

Abba Père, je Te demande d'envoyer Ton Saint-Esprit pour couver cet enfant précieux, pour déloger les ténèbres et les traumatismes et apporter Ta lumière et Ta vie aujourd'hui. Encore une fois, je demande que le Baiser du Ciel, qui est l'armure de Dieu, soit sur cet enfant et entoure cette précieuse vie de Ta protection et de Ta paix.

Au nom de Jésus-Christ, notre médiateur et défenseur, qui nous a donné l'accès à Ton tribunal.

Amen

6
Femme et mère : Gardienne

6
Femme et mère : Gardienne

Certaines personnes ont du mal a croire que LA Bible est un document historique. Elles ne croient pas qu'elle puisse être confirmée par l'archéologie ou les anciens documents. D'autres personnes ont du mal avec son contenu ; avec un Dieu qui semble être assoiffé de sang, avec ses instructions autoritaires relatives à l'adoration et à la façon de vivre qui plaît à Dieu et son attitude dominatrice vis-à-vis des femmes.

Durant plusieurs années, j'ai eu du mal avec un problème différent : la manière dont elle est écrite. Je suis une lectrice avide et j'aime les contes de fées, les aventures et la fiction spéculative entremêlée d'éléments romantiques dont le dénouement unit les différents éléments en une conclusion poignante et satisfaisante. Mon type d'histoire préféré est l'histoire d'un prince caché qui surmonte des obstacles incroyables pour gagner son royaume et épouser l'héroïne. Le pic émotionnel à la fin de ce type de livres est ce que je recherche pour nourrir quelque chose de profond en moi.

À plusieurs occasions, j'ai dit à Dieu que je ressentais que je devrais éprouver les mêmes émotions à propos de la Bible. N'est-ce pas l'histoire ayant la plus heureuse des heureuses fins des contes de fées ? Alors pourquoi est-ce que je ne ressens pas le même sentiment de satisfaction lorsqu'il s'agit des Écritures ? Y a-t-il quelque chose en moi qui ne va pas ?

Je suis plutôt convaincue que ceci n'est pas une question qu'un homme poserait à Dieu. Je n'imagine pas un homme affronter Dieu avec la pensée que la Bible ne contient pas autant de puissance émotive qu'une histoire romantique à l'eau de rose. Je n'imagine pas un homme éprouvant un malaise à ce sujet. En général, les hommes ont tendance à rechercher la satisfaction intellectuelle, et ils en sont généralement satisfaits.

Cependant, je suis ravie d'avoir posé la question à Dieu. Au fil des années, Il m'a donné une série d'indices qui m'ont menée à adopter une façon différente de lire. J'ai découvert que la Bible est faite pour être spirituellement, émotionnellement et intellectuellement satisfaisante.

Et l'aspect romantique du souverain caché arrivant dans son royaume et gagnant son épouse est présent tout le long. Pour le trouver, il est nécessaire de suivre l'histoire de l'épouse dans le jardin.

La première épouse qui se trouve dans un jardin est Ève, la mère de tous les vivants.

Née du côté (de la côte) d'Adam, elle était la chair de sa chair, l'os de ses os.

« La femme a été créée à partir de la côte de l'homme pour être auprès de lui, pas à partir de sa tête pour être au-dessus de lui, ni à partir de ses pieds pour être écrasée par lui, mais à partir de la section en-dessous de son bras pour être protégée par lui, près de son cœur pour être aimée par lui. »

Matthew Henry, *An Exposition of the Old and New Testament.*

Adam et Eve étaient tellement et complètement pris dans cette unité harmonieuse l'un avec l'autre et avec Dieu qu'ils ne semblent pas avoir été conscients qu'elle était un être distinct de lui. Et au départ elle ne l'était pas. Ils étaient « une chair ».

Elle n'a même pas reçu le nom Ève jusqu'à ce qu'ils aient tous les deux été expulsés d'Eden. Avant cela, elle était 'l'autre Adam'.

Le mariage sous l'autorité de Christ a été conçu pour restaurer cette profonde unité dans un baiser de paix, de miséricorde, de justice et de vérité.

Nous connaissons tous l'histoire d'Ève et du serpent. Ce que plusieurs personnes oublient c'est que les Écritures disent qu'elle a été dupée et trompée.[xvii] Adam au contraire savait précisément ce qu'il faisait. Tout au long des Écritures, c'est lui qui porte la responsabilité du péché originel.

Comment la crédulité d'Ève affecte-t-elle notre interprétation de la manière dont le serpent s'est présenté à elle ? Qu'a-t-elle compris lorsque le serpent a suggéré que l'épreuve de Dieu n'était pas ce qu'ils pensaient qu'elle était ? Comment a-t-elle interprété la phrase : « vous serez comme des dieux » ? Après tout, elle et Adam étaient déjà 'un avec Dieu'.

Voici la subtilité de l'invitation du serpent. 'Être comme' implique la séparation, tandis que l'intention de Dieu a toujours été que nous soyons 'un avec lui'.

Sommes-nous appelés à être comme Dieu ? Pas si la 'similarité' est différente de 'l'unité'.

Dans Colossiens 1 : 15, lorsque Paul parle de Christ étant à l'image et à la ressemblance de Dieu, il clarifie immédiatement ce qu'il veut dire en faisant référence au Corps. Il n'est donc pas question ici d'une image miroir qui implique la séparation entre les personnes. Il est plutôt question d'une ressemblance qui fait référence à l'unité entre Dieu, nous et Christ. Cette ressemblance fait aussi référence à l'unité entre nous en tant qu'individus et le corps de Christ, Son église.

Cette unité est l'essence même de l'alliance. C'est l'objectif de l'alliance. C'est ce qui différencie une alliance d'un contrat.

Il y a quatre types d'alliance : sang, sel, nom et seuil. Plusieurs personnes connaissent l'existence des deux premiers types, même si elles ne comprennent pas les implications de l'unité qui les caractérise.[xviii] Cependant, la plupart des gens n'ont jamais entendu parler des deux derniers, bien que tant de femmes aient fait une alliance de nom. Chaque femme qui a changé son nom lorsqu'elle s'est mariée en a fait une. L'objectif dans le temps d'un tel engagement est d'accorder tous les privilèges familiaux l'un à l'autre, y compris le droit à l'héritage. D'autre part, les époux acceptent d'être des défenseurs mutuels de l'alliance.

Jésus lui-même a institué une alliance de nom pour Ses disciples la veille de Sa mort. « *Jusqu'à maintenant, vous n'avez rien demandé en mon nom. Demandez et vous recevrez, et ainsi votre joie sera complète.* » (Jean 16 : 24 BFC). Il explique que nous n'avons pas à Lui demander mais à demander au père en Son nom.

Ceci était une partie de l'alliance à quatre composantes de sang, de sel, du seuil, de noms, qui a eu lieu sur une période d'une demi-journée, culminant en fiançailles entre Lui et Son épouse nouvellement née.

Des allusions à ce mariage ont existé dans la parole jusqu'à l'Évangile de Jean, à partir des noces de Cana. L'Évangile a une structure littéraire très inhabituelle. Il a une structure en miroir : au début Jean témoigne de Jésus, l'Agneau de Dieu. À la fin, un autre Jean témoigne de Jésus, qui parlait des agneaux et des brebis. Au début, cinq disciples, y compris Simon Pierre et Nathanaël, suivent Jésus en Galilée. À la fin, cinq groupes de disciples, y compris Simon Pierre et Nathanaël, suivent Jésus en Galilée. Au début, Nathanaël exprime des doutes tandis qu'à la fin, Thomas exprime des doutes. Au début, il y a un incident lors d'un mariage impliquant une femme appelée Marie. À la fin, il y a un incident où figure le langage du mariage[xix] et impliquant une autre femme appelée Marie. Ces deux incidents ont en commun le fait que Jésus s'arrête et change Ses plans. Dans Jean 20 : 17, Il révèle qu'Il va rejoindre son père mais s'arrête en chemin et change de plan pour réconforter Marie Madeleine qui se trouve dans la détresse.

L'effet miroir se poursuit encore et encore. Chacun de ces incidents avec un reflet a clairement pour but d'informer et d'être informé par son équivalent. La paire qui est peut-être la plus importante inclut Nicodème.

Sa première apparition est dans le troisième chapitre de Jean où on nous dit qu'il rencontre secrètement Jésus. Au lieu de recevoir réponse à ses questions, on lui offre des déclarations cryptiques sur la nouvelle naissance. Toute cette idée de nouvelle naissance l'embrouille complètement. Des images évoquant l'idée de ramper pour rentrer dans le ventre de sa mère émergent.

Jésus clarifie cela pour lui : « *Oui, je te le déclare, c'est la vérité : personne ne peut entrer dans le Royaume de Dieu s'il ne naît pas d'eau et de l'Esprit.* » (Jean 3 : 5 BFC)

Nicodème était certainement déconcerté par cette nouvelle déclaration très utile : à quoi ressemblerait la perte des eaux pour une naissance spirituelle ?

La dernière apparition de Jésus à Nicodème se produit à la fin de l'Évangile de Jean juste après cette déclaration : « *... Mais un des soldats lui perça le côté avec sa lance, et du sang et de l'eau en sortirent aussitôt.* » (Jean 19 : 34 BFC)

Le sang et l'eau : les mêmes éléments que lors d'une naissance. Peut-être que Nicodème a reconnu ce qui s'est passé, que, alors qu'il regardait le côté de Jésus qui était percé, il était en fait témoin d'une naissance. Particulièrement parce que le mot pour *sang* dans ce verset est *'haima'* qui veut également dire *esprit*.

Certes ce n'est pas ce même mot que Jésus a utilisé dans Jean 3 : 5 pour *esprit*. C'était *pneuma*. Cependant, le témoignage de cette structure circulaire nous montre que ces deux histoires sont liées. Nicodème été probablement plus abasourdi que jamais quand il a vu couler l'eau et le sang/l'esprit, ces choses dont Jésus lui a dit qu'elles accompagnent la nouvelle naissance.

Pour commencer, Jésus a tout simplement dit « Tout est accompli », et Il est mort. Et deuxièmement, la naissance ne se produit normalement pas lorsqu'on perce le côté d'un homme.

Ce n'est pas impossible, mais c'est certainement inhabituel. Un seul incident similaire s'est produit auparavant dans l'histoire : lorsque Ève est née. Tout comme la femme a été prise du côté du premier Adam, ainsi l'épouse a été prise du second Adam — Jésus-Christ.

Nicodème, un juif pratiquant, aurait compris la signification de cette nouvelle naissance à ce moment-là. « Tout est accompli », dit Jésus. En araméen, c'est 'kalah'. Dans la traduction de la Bible appelée The Passion Translation, Brian Simmons souligne que ce mot se prononce exactement comme 'épouse'.[xx] Même dans ses dernières paroles, Jésus pensait à nous - Son Épouse — alors que nous étions sur le point de naître de nouveau d'eau et d'esprit.

Est-ce que cela vous embrouille toujours autant que les paroles de Jésus ont embrouillé Nicodème ?

Le chemin qui mène à la nouvelle naissance, pour devenir un chrétien, pour suivre Jésus de Nazareth, pour entrer dans une relation d'alliance avec Lui en tant que Son épouse, c'est l'entrée par son côté blessé par la foi. En pratique, il y a eu une tendance à renverser ce processus durant le dernier siècle : le processus de naître de nouveau à été perçu comme une invitation adressée à Jésus à entrer dans nos cœurs au lieu que nous acceptions Son invitation à être cachés dans le Sien.

Kenneth Leech souligne qu'il y a une structure du pouvoir dans tout cela. « Elle a voulu inviter Jésus dans nos vies au lieu de nous introduire dans la Sienne. Cet évangile prêché en occident n'aide plus à renverser le monde mais a plutôt servi à renforcer ses fausses valeurs et structures ».[xxi]

Êtes-vous prêt.e à accepter la romance et reconnaître Jésus comme l'Époux ? Êtes-vous prêt.e à Lui demander de vous inviter à la nouvelle naissance — Sa vie — à travers son côté percé et blessé ?

Prière pour moi-même :

Seigneur Jésus, je veux simplement être absorbé.e en Toi. Caché.e en toi. Né.e de nouveau en Toi, à travers Ton côté blessé.

Je veux danser avec toi, danser le *hora*. Je veux être élevé.e avec Toi en tant que Ton Épouse. Je veux être sur un trône oscillant au-dessus des anges qui se réjouissent et je veux que Tu me lances cette étoffe que Tu as soigneusement placée d'un côté de la tombe. Cette étoffe qui dit « Mon œuvre est complète » et murmure que Tu m'as choisi.e comme Ton épouse.

Je jette ma couronne devant Toi et je reconnais « Saint, saint, saint ». C'est ce que Tu es et c'est ce que Tu fais en moi.

Merci !

Prière à déclarer sur mes enfants :

El Shaddaï, merci parce que Tu as donné la paix et la puissance dont cet enfant a besoin. Merci pour Ta bénédiction et le rafraîchissement qui demeure comme un don de grâce sur cet enfant aujourd'hui.

J'aime tellement mes enfants mais je ne veux pas les aimer plus que je J'aime Toi, donc je Te présente leur vie et leur destinée.

Je Te demande de les libérer dans leur destinée en Toi. Je Te demande de les aider à choisir cette destinée, à ne pas s'en détourner, ni de Toi. Je Te demande, jusqu'au moment de la révélation de leur destinée, qu'ils soient cachés en Toi — dans Ton côté blessé.

Je Te remercie pour le privilège d'élever ces précieux enfants — ces vies que tu as ordonnées et bénies. Je Te demande de les démêler de moi pour toutes les manières dont j'ai cherché à satisfaire mes besoins au lieu des leurs. Je Te demande de les délier de moi et de les lier à Toi comme source de leur vie.

Bénis-les pour qu'ils soient originaux et indépendants. Qu'ils puissent toujours savoir combien je les aime et combien ils comptent pour moi — et qu'aussi longtemps que je vivrai, je déclarerai la bonté du Seigneur sur la terre des vivants. Bénis mes enfants aujourd'hui pour qu'ils déclarent Ta bonté et Ta miséricorde durant toute leur vie pour Ta gloire.

Amen

7
Femme et mère :
Supérieure à des perles

7
Femme et mère : Supérieure à des perles

Les Évangiles ne mentionnent pas son nom. Une tradition très ancienne suggère qu'elle était une non-juive appelée Véronica et qu'elle était de Césarée de Philippe.[xxii] Après que Jésus l'ait guérie de plus d'une décennie de souffrance, elle fut tellement reconnaissante qu'elle commanda qu'une statue de Lui soit construite qui, pendant des siècles, resta placée près de l'entrée de sa maison. Elle est connue comme la seule statue faite à la ressemblance du Messie et érigée durant Sa vie sur la terre.[xxiii]

Il s'agit de la femme qui avait la « perte de sang ». Pendant 12 ans, elle a dépensé tout son argent auprès de docteurs qui essayaient de trouver un traitement pour son hémorragie chronique. Rien n'a marché. Désespérée, elle s'est rendue à Capernaüm, recherchant un homme appelé Jésus. Sa réputation de faiseur de miracles, d'enseignant et de guérisseur en avait fait une célébrité.

Dès lors, si Véronica était réellement une non-juive, elle n'en était pas moins consciente des lois religieuses juives. Elle savait évidemment qu'elle était 'impure' et qu'elle ne pouvait pas se permettre d'affronter une foule et d'exposer son problème publiquement. Cependant, puisqu'elle venait également d'une autre ville, Césarée de Philippe dans l'extrême nord, elle avait également un avantage. Personne ne connaissait son problème, donc elle pouvait se glisser secrètement à travers la foule et — tout aussi secrètement — toucher l'ourlet du vêtement de Jésus.

Son plan était soigneusement conçu. Si elle pouvait s'approcher suffisamment près pour effleurer de sa main l'une des franges de Son châle de prière — l'un des *tzitzit*, symbole de Sa connexion par la prière avec le Dieu juif, la source de Sa puissance — personne ne le saurait. Dans la bousculade des personnes qui l'entouraient, qui remarquerait un toucher aussi léger et décontracté ? Elle ne tendrait pas la main vers Jésus Lui-même, mais uniquement vers les pans (les ailes) de Son vêtement. Si Jésus était vraiment le Messie, alors Il était Celui qui portait la guérison sous Ses ailes. C'était un risque qui en valait la peine.

Elle n'avait rien à perdre. Si elle n'était pas guérie, sa situation ne serait pas pire. Avec tout à gagner et rien à perdre, elle se lança. Pour que le plan fonctionne, il serait nécessaire qu'elle se joigne à une foule en mouvement et qu'elle se fraie un chemin à travers cette foule vers Jésus. Dans une foule immobile, sa présence serait trop visible. Les événements lui étaient favorables ce jour-là. Jésus était en route vers la maison du chef de la synagogue. Une petite fille était sur le point de mourir.

Mais Véronica était coincée 'dans la mort' — et l'avait été durant toute la durée de vie de cette petite fille.

Le flux de vie coule à travers des saisons bien connues. Lorsqu'un grain de blé tombe dans le sol, il meurt pour pouvoir produire la naissance d'une pousse verte qui grandit jusqu'à la maturité, et qui finit par mourir alors que le cycle recommence avec la multiplication de grains. Renaissance, croissance, mort, nouvelle vie, multiplication, encore et encore à travers le cycle. À tout moment, la perte est une éventualité — vers une mort permanente, qui rend la renaissance impossible.

Le cycle de vie spirituel des humains est vraiment similaire :

Mais que se passe-t-il lorsque l'on est coincé dans une section du cycle ? C'est simplement ce qui est arrivé à Véronica. Son histoire est mentionnée dans les trois évangiles synoptiques — Mathieu, Marc et Luc — où la manière dont sa maladie est décrite indique clairement qu'elle était 'impure'. Ce n'est pas l'impureté comme nous le comprendrions — sale ou souillée — mais plutôt une impureté qui la rendait impossible à toucher sur le plan rituel ou cérémonial. À de nombreux égards, 'impur' ici a le même sens que 'tabou' avait à l'origine — le contact est interdit parce qu'avoir du contact avec elle, ce serait violer le sacré.

Le mot hébreu pour *impureté* ici est *'tumah'* — un mot qui est également connecté à la naissance. *Impureté* ici signifie vide. L'utérus était 'tumah' lorsque l'enfant était né parce qu'il avait été vidé de la vie. Après la naissance d'un fils, une mère juive était mise à part pendant une semaine ; pour une fille, c'était une quinzaine de jours. La période de 'tumah' était plus longue pour une fille parce que la naissance d'une fille était perçue comme entraînant un plus grand vide.

Cela peut sembler étrange mais il a une certaine logique, ce raisonnement. Une petite fille apporte effectivement avec elle des petits-enfants potentiels dans le monde à sa naissance. Les nourrissons filles naissent avec tous leurs œufs, mais les nourrissons mâles ne naissent pas avec tout leur sperme.

Un petit garçon ne porte pas le potentiel de vie — sous la forme d'enfants provenant de son propre corps — à sa naissance, alors que la petite fille le porte. Elle porte également le potentiel de plus de morts. C'est pour cela que la durée de 'tumah' pour une fille est deux fois plus longue que pour un fils.

La véritable signification de 'tumah' est celle d'une absence de potentiel, le processus de se vider, de donner, un sacrifice — l'expérience d'une perte qui n'a pas encore été complètement réalisée. Elle est incomplète, non réconciliée. Être 'impure' c'est vivre une perte sans clôture, sans résolution. C'est être dans une saison vide de vie.

Les lois juives relatives à la menstruation étaient une célébration du merveilleux cycle de vie qui se produit dans le corps d'une femme. Leur intention est de nous rappeler constamment le miracle de la vie quotidienne — et de se rendre compte que la fonction de notre corps physique est merveilleuse, pas dégoûtante ni même routinière. Les lois juives sont là pour nous permettre de réaliser le potentiel de vie impressionnant alors qu'il se régénère lui-même au sein de notre propre corps.

Mais parfois les choses tournent mal. Nous ne traversons pas les saisons naturelles dans le temps et l'ordre préétablis. Ce n'est pas une coïncidence que 'dumah' silence, rime avec 'tumah'. Le silence de la mort, du deuil, de la douleur et de Dieu Lui-même après avoir rompu l'alliance sont des thèmes tissés à travers les Écritures.[xxiv]

Lorsque Véronica touche les pans (les ailes) du châle de prière de Jésus, elle est instantanément débloquée de l'étape de la mort où elle était figée depuis 12 ans. Ses pertes sont instantanément résolues et elle est capable de passer à la saison suivante de la vie. Elle n'est plus comme un 'mort ambulant', mais elle est en vie et sa vie est de nouveau pleine de potentiel. C'est comme si ses valeurs par défaut sont réinitialisées et qu'elle revient de nouveau à zéro, au lieu d'être constamment drainée vers le négatif. C'est comme si elle était une graine sans vie, enterrée dans le sol pendant 12 ans, et que sa régénération vient de commencer.

Jésus la guérit — pas simplement d'une hémorragie constante, mais d'une perte que personne d'autre ne pouvait l'aider à résoudre. Lorsque la perte nous frappe, particulièrement lorsque le silence nous entoure dans cette perte et que nous ne trouvons pas de réponse, alors nous pouvons nous retrouver dans toutes sortes de conditions — physiques, émotionnelles et spirituelles — qui drainent la vie de notre être. Nous saignons constamment. Ce n'est pas que nous ne sommes pas connectés à Jésus mais nous sommes constamment vidés de la vie de résurrection et de sa plénitude qu'Il nous a promise.

Que ce soient des personnes, des organisations, une terre — quelles que soient nos pertes, elles nous privent du fruit de l'Esprit, pressent tout le jus et nous laissent avec l'écorce desséchée.

Ceci est à l'opposé de la femme de valeur de Proverbes 31 et de qui elle est censée être. Elle est censée se déplacer gracieusement dans le flux de vie, pas être coincée quelque part — incapable d'avancer. Bien que la plupart des traductions anglaises comparent sa valeur à celle des rubis, le texte hébreu la compare à une perle.[xxv]

La différence entre une perle et un rubis révèle la véritable nature d'une femme ayant un caractère unique et noble. Les rubis sont des pierres précieuses qui existent naturellement, et ils sont créés par des processus chimiques réactifs. Une perle, en revanche, est créée par des moyens organiques et commence par une irritation. Un grain de sable, un parasite qui attaque, même une partie endommagée de l'huître elle-même est recouverte d'un sceau crémeux, qui se construit couche par couche, jusqu'à ce qu'un trésor beau, lisse et rare soit formé.

Une femme qui a surmonté des irritations, des tourments et des traumatismes pour développer une personnalité douce et sereine est une femme de valeur équivalente à une perle. Comme Marie, la mère de Jésus, à propos de laquelle il fut prophétisé qu'une épée percerait son âme, plusieurs femmes ont ressenti les coups de couteaux et d'épée de pertes soudaines et tragiques. Ou pire, la lente agonie que l'on ressent lorsqu'on voit un être aimé mourir ou une relation s'acheminer vers des dommages irréversibles.

Ce sont des pertes 'tumah'.

Pourtant, suite à une telle adversité, la femme qui est plus précieuse que les perles a des angles adoucis, et non les facettes dures — elle a été façonnée pour créer une toute nouvelle sorte de pierre précieuse.

Elle est devenue un bijou grâce à l'ajout couche après couche comme Pierre l'a recommandé dans sa deuxième épître, de bonté à sa foi, et à cette bonté la connaissance, et à sa connaissance la maîtrise de soi, et à sa maîtrise de soi la persévérance, et à sa persévérance la piété, et à sa piété la gentillesse et à sa gentillesse, l'amour.

C'est cette beauté rare et transcendante que Dieu voit lorsqu'Il regarde d'en haut nos 'tumah' et 'dumah' — notre perte-mort et notre silence — et qu'Il attend que nous nous en détournions pour venir rechercher Sa guérison.

Il voit une perle. Et en dépit de nos sentiments d'aliénation et de distance de Lui, cette perle est un ornement qu'Il a toujours porté près de Son cœur.

Prière pour moi-même :

O Seigneur, je suis coincé.e dans cette zone de silence. Coincé.e dans cette zone de perte. La perte qui perdure, sans résolution, sans explication, presque sans espérance de changement.

J'ai tellement peur que je ne peux même pas prendre le risque de toucher l'ourlet de Ton vêtement de peur que je ne sois pas guérie, de peur que la perte continue sans clôture, de peur que le vide — ce vide profond, creux et douloureux — ne soit pas rempli.

Cher Jésus, s'il Te plaît, prends ma main et lève-la pour toucher la frange de Ton châle de prière. Mes prières ont été vaines depuis si longtemps — mais les Tiennes ne le sont pas. Je demande que Tu sois mon seul médiateur devant le Père, et je demande que Tu élimines tous les autres que j'ai peut-être mis à ta place au fil des années.

S'il Te plaît, ferme ma blessure. Étanche le flux de vie. Et emmène-moi dans la prochaine saison de mon parcours avec Toi.

Au nom de Jésus, le Soleil de Justice qui s'élève avec la guérison dans Ses ailes.

Amen

Prière pour mon enfant :

Seigneur, je Te demande de bénir Ton enfant aujourd'hui en lui donnant la satisfaction, qu'elle/qu'il soit caché en Toi — en paix durant les orages de la vie. El Shaddaï, bénis les enfants que Tu m'as donnés pour qu'ils puissent se tourner vers toi et se réfugier dans Tes bras lorsqu'elles/ils sont confronté.e.s à la douleur et à la déception.

Qu'elles/qu'ils puissent tirer leur force de Toi seul. Révèle-leur les faux refuges, expose ces endroits où elles/ils courent au lieu de se réfugier en Toi qui fais naître la foi et la mène à la perfection, l'Alpha et l'Omega de toute la création.

Seigneur, Tu es un Dieu jaloux. Tu veux tout de nous — tout notre cœur, toute notre âme et tout notre esprit. Dans Mathieu 22 : 37, Jésus a dit que le plus grand commandement est : « Tu aimeras le Seigneur, ton Dieu, de tout ton cœur, de toute ton âme et de toute ta pensée. » (Matthieu 22 : 37 BDS)

El Shaddaï, donne et fais grâce à Tes enfants d'avoir Ta force pour vivre d'une manière qui T'honore, pour prendre la décision de Te suivre, de Te choisir tous les jours — et de ne pas être coincée dans les pièges de ce monde. Au lieu de choisir la consommation — le dieu de ce monde — que Ton enfant choisisse ce que Tu désires et ait le courage d'élever le nom du grand « Je Suis ».

Seigneur, Tu places devant nous les mêmes choix que Tu as placés devant le peuple d'Israel à l'époque de Josué

« Oui, je vous avertis solennellement aujourd'hui, le ciel et la terre m'en sont témoins : je place devant vous la vie et la bénédiction d'une part, la mort et la malédiction d'autre part. Choisissez donc la vie, afin que vous puissiez vivre, vous et vos descendants. » (Deutéronome 30 : 19 BFC)

El Shaddaï, je Te demande de bénir Tes enfants aujourd'hui afin qu'ils/elles puissent choisir la vie, Te choisir comme leur Seigneur et Sauveur et tirer la sagesse et la compréhension de Toi, Te permettre d'être leur Enseignant.

Enfant, si tes parents t'ont délaissé ou abandonné ou laissé sans tout ce dont tu as besoin, alors tourne-toi vers Jésus, le Tout-Puissant, et demande-lui de te réconforter comme tu en as besoin et aussi longtemps que tu en as besoin.

Seigneur, les substances, les accoutumances, les personnes, les hobbies, le travail, les distractions ont détourné Tes enfants de Ton étreinte d'amour, voudrais-Tu les attirer à Toi et les soulever hors du traumatisme ? Voudrais-Tu remplir leurs désirs et répondre à ces besoins auxquels personne n'a répondu et que Toi seul peux satisfaire ?

Que les cœurs de Tes enfants soient purifiés pour transporter Ta présence et la paix de Celui qui les a formés et qui les a façonnés à Sa ressemblance tous les jours un peu plus — et que Ton alliance de paix règne sur leur cœur éternellement.

Pour Ta seule gloire. Au nom de Jésus.

Amen

Notes de fin

Notes de fin

i L'Unicef conseille : « Nous savons que les bébés qui ont passé une heure en contact avec la peau sont beaucoup moins stressés après la naissance – cela signifie que leur respiration et leur rythme cardiaque sont plus stables, qu'ils pleurent moins, et quand ils commencent à se nourrir, ils digèrent mieux leur nourriture. La poitrine d'une mère est beaucoup plus chaude que les autres parties de son corps – prête à accueillir son nouveau bébé et à l'empêcher de se refroidir – ce qui pose un risque important. Votre bébé était confortable et au chaud dans votre utérus – à environ 37°, tandis que la salle de travail est beaucoup plus fraîche, et il est mouillé - c'est comme lorsqu'on sort d'une piscine, il faut très rapidement se sécher et se réchauffer. »

Les parents de Jamie, les Oggs, ont créé une communauté en ligne appelée *Jamie's Gift* pour lever des fonds régulièrement pour la fondation *Miracle Babies Foundation* - une organisation qui soutient les prématurés et les nouveau-nés qui sont malades.

http : //www.dailymail.co.uk/news/article-2992862/The-miracle- baby-born-three-months-early-written-doctors-brought-life- mother-s-touch-five-years-old-s-never-sick.html (accessed 15/10/15)

ii Dieu nous a créés de manière à ce que, lorsque nous nous touchons l'un l'autre avec gentillesse et affection, nos corps émettent des produits chimiques qui nous mettent dans un état de calme émotionnel et nous aident à créer et renforcer des liens physiques. Ces produits chimiques sont l'oxytocine et la dopamine. Lors ce que nous nous enlaçons, nos hypophyses émettent de l'oxytocine. Elle réduit à la fois notre rythme cardiaque et notre niveau de cortisol, l'hormone responsable du stress et de l'hypertension. La dopamine est l'hormone qui nous donne une sensation de plaisir.

iii Il a plusieurs autres nuances y compris soulever, soutenir, pardonner, porter, porter des armes, maintenir, conduire vers, endurer. Mais ce qui est important c'est que comme 'hupotasso', il signifie également se soumettre.

iv Le mot araméen 'nasiyn', épouses, semble être dérivé de 'enash', homme, humanité, qui est dérivé de 'enowsh', mortel, homme, hommes, humanité, à son tour dérivé de 'anash', faible, malade, incurable. Il me semble cependant qu'il est fort probable que 'nasiyn', épouses, vienne plutôt de 'nasu', marié.e, et soit en réalité dérivé de 'nasa'', élever.

v J'ai toujours imaginé que cette bataille s'est achevée vers le coucher du soleil ; cependant certains commentaires juifs décrivent les événements comme ayant eu lieu juste avant le lever du soleil. Ce que Josué a demandé, d'après certains rabbins, c'est que le soleil ne se lève pas !

vi Yechiel Eckstein, 'By the Light of the Moon', Holy Land Moments Daily Devotional (Méditation quotidienne), 19 février 2014. Eckstein explique encore que les femmes ont été récompensées pour cette attitude par un congé mensuel. À chaque nouvelle lune, il y avait un mini-congé, exclusivement réservé aux femmes.

vii Et pour ce qui est des bénédictions, cette connexion entre 'Jacob et sa grand-mère est peut-être ce qui explique l'un des titres les plus mystérieux des Écritures : la Maison de Jacob.

« Moïse monta vers Dieu; le Seigneur l'appela de la montagne et lui dit : Voici ce que tu diras à la maison de Jacob … tu annonceras aux Israélites : Vous avez vu vous-mêmes ce que j'ai fait à l'Egypte… Maintenant, si vous m'écoutez et si vous gardez mon alliance, vous serez mon bien propre… »

(Exode 19 : 3-6 NBS)

D'après certains rabbins (voir par exemple, David Patterson dans Hebrew Language and Jewish Thought) la Maison de Jacob dans ce passage n'est pas synonyme du peuple d'Israël. Bien qu'il y ait un parallèle poétique, cela ne signifie pas nécessairement que ces phrases font référence au même groupe de personnes. Ces rabbins identifient le fait que la Maison de Jacob fait spécifiquement référence aux 'femmes des tribus d'Israël' et suggèrent que le texte indique que, au Mont Sinaï, les femmes se sont avancées les premières pour accepter l'alliance de la Loi. Les hommes israélites, encore en souffrance à cause du veau d'or, ont été lents à suivre leur exemple.

viii Les traductions anglaises utilisent simplement le mot 'dire' sans différenciation. Cependant, le genre de l'article dans la traduction médiévale et juive moderne de Exode 19 : 3 – Maison de Jacob et Enfants/Fils d'Israël (bit.ly/1mVUehY) examine en détail la notion juive répandue selon laquelle la 'Maison de Jacob' fait référence aux femmes israélites, et souligne les verbes très différents qui sont utilisés ; l'un est une exhortation douce, l'autre est sévère et implique la punition.

ix Cette prêtrise provenait de celle d'Adam et d'Ève. Leur prêtrise sur la création faisait partie de leur mission et identité qui leur ont été données par Dieu. Cette prêtrise restaurée est aujourd'hui accordée à tous les croyants et est une partie de notre appel. Nous sommes appelés à représenter Dieu dans le monde à travers le service de l'Évangile, et représenter le monde devant Lui à travers la prière.

x   Yechiel Eckstein, 'Passing the Tests of Faith', Holy Land Moments Daily Devotional, 7 juillet 2015

xi   Puah et Shiphrah : voir chapitre 5.

xii   La magistrale analyse mathématique de ces versets par Ivan Panin inclut une comparaison avec les premiers versets de ce même Évangile, montrant que les deux ont la même signature numérique.

xiii   Et l'ont peut être amené à la repentance.

xiv   Andrew Reid, 'Exodus : Saved for Service', Reading the Bible Today series, Aquila Press Sydney 2013. Reid dit encore : ... dans un nombre considérable de cas [à travers les Écritures], leurs actions pieuses se font avec en arrière-plan la défaillance du leadership masculin ou le manque d'hommes qui craignent Dieu.'

xv   Le mot hébreu inhabituel utilisé dans ce cas pour *auberge*, *logement* ou *khan* a peut-être été choisi parce qu'il pouvait être lu comme contenant le mot qui signifie *trahison*. 'Malown' est censé avoir pour racine 'luwn', *loger*, *rouspéter* ou *se plaindre*, ou 'ma'own', *demeure*, *habitation* ou *refuge*. La combinaison de ces deux derniers mots permet réellement que 'ma'al' soit lu dans ce mot – 'ma'al' signifie *agir de manière infidèle ou fourbe contre Dieu, ou un homme ou une chose consacrée.*

xvi   Yechiel Eckstein, 'Every End is a New Beginning', Holy Land Moments Daily Devotional, 25 mai 2015

xvii « *Toutefois, de même que le serpent a trompé Eve par sa ruse, je crains que votre intelligence ne se pervertisse et ne s'écarte de la simplicité et de la pureté à l'égard du Christ.* » *(*2 Corinthiens 11 : 3 NBS)

xviii Il y a tellement de bons articles sur Internet sur l'alliance du sang, vous n'avez même pas besoin d'aller lire un livre pour savoir de quoi il en retourne. Faites simplement une recherche. L'alliance de sel est un peu plus difficile à trouver. Au moment de la rédaction du présent ouvrage, j'aime le CD audio de John Sandford de Elijah House. Cependant, pour ce qui est des alliances de seuil et de nom, c'est plus compliqué. Il y a de bonnes ressources disponibles sur les seuils, mais aucune ne parle en détail des conséquences à long terme de ce qui se produit lorsqu'une alliance n'est pas respectée, sauf mes livres God's Pageantry et God's Pottery. Non seulement ils traitent des alliances de seuil, mais de leur lien intime avec les alliances de nom. God's Poetry est le seul livre à l'heure actuelle que je connaisse qui soit dédié aux alliances de nom et à la manière dont elles influencent à la fois votre identité et votre vocation.

xix Le dialogue entre Marie-Madeleine dans le jardin après la résurrection de Jésus reflète la séquence nuptiale dans le Cantique des Cantiques. Marie est l'archétype, la représentante de l'Épouse de Christ : la première de Ses disciples à Lui témoigner qu'Il est Seigneur, Maître au-dessus de la mort. Trois fois dans le vingtième chapitre de l'Évangile selon Jean, Marie se demande : « Où est Jésus ? »

Jean 20 : 2—« "Elle court trouver Simon Pierre et l'autre disciple, l'ami de Jésus, et elle leur dit : On a enlevé le Seigneur du tombeau, et nous ne savons pas où on l'a mis! »

Jean 20 : 13—« "Ils [les anges]lui dirent : Femme, pourquoi pleures-tu? Elle leur répondit : Parce qu'on a enlevé mon

Seigneur, et je ne sais pas où on l'a mis. »

Jean 20 : 15—« Jésus lui dit : Femme, pourquoi pleures-tu? Qui cherches-tu? Pensant que c'était le jardinier, elle lui dit : Seigneur, si c'est toi qui l'as emporté, dis-moi où tu l'as mis, et moi, j'irai le prendre. »

Dans ces versets, il y a des échos lointains de :

Genèse 3 : 9—« Le Seigneur Dieu appela l'homme; il lui dit : Où es-tu? »et aussi Cantique des Cantiques 6 : 1–2—« Où est allé ton bien-aimé? Dis-le-nous, toi, la plus belle des femmes! Par où ton bien-aimé est-il parti, que nous le cherchions avec toi? » « Mon bien-aimé est descendu à son jardin, au parterre d'essences odoriférantes, pour paître dans les jardins et pour cueillir des lis. »

xx Brian Simmons, note de bas de page 19 : 30, « tout est accompli, mon Épouse ! » Cela vient du mot araméen 'kalah,' un homonyme avec deux significations. Il peut signifier « satisfait/réalisé (terminé) », mais il est communément utilisé en araméen et en hébreu pour signifier « épouse ». Jésus a terminé l'œuvre de notre salut pour son Épouse. Cette traduction réunit les deux concepts. Vous trouverez une étude fascinante du terme hébreu utilisé pour « épouse » et « terminé », avec son univers de significations, en lisant Strong's #3615, 3616, 3617, 3618, and 3634. Bien que la voie complète du salut était terminée à la Croix, Il continue à travailler à travers Son Église aujourd'hui pour étendre le royaume de Dieu sur la terre et glorifier le Père à travers nous. Il continue d'œuvrer en nous pour accomplir tout ce que Sa croix et Sa résurrection ont acquis pour nous, Son Épouse. Sa croix a accompli et terminé les prophéties annonçant la première venue du Messie sur terre. Il n'y a rien d'écrit qui n'ait été accompli et qui ne soit maintenant offert à son Épouse.

xxi Kenneth Leech, We Preach Christ Crucified, Darton, Longman & Todd Ltd 2006.

xxii Le lieu où Simon a déclaré que Jésus était le Messie et où Jésus lui a donné le nom 'Cephas'ou Pierre.

xxiii Eusèbe, historien de l'époque paléochrétienne dit qu'on a signalé que cette femme est venue de Césarée de Philippe où l'on pouvait voir sa maison. À l'époque, il y avait de merveilleux monuments rendant hommage aux bénédictions que Christ lui avait données. À la porte de sa maison il y avait une statue en cuivre d'une femme, placée sur une pierre élevée, à genoux, les bras tendus vers l'avant dans un geste de supplication. En face d'elle se trouvait la statue d'un homme, faite du même métal. L'homme était debout, revêtu d'une tunique, sa main tendue vers la statue de la femme. À ses pieds, sur la pierre de soutien, poussait une étrange plante. Elle arrivait juste à l'ourlet de la tunique de cuivre de l'homme, et l'on disait qu'elle était un remède contre toutes les maladies. Eusèbe dit que la statue pouvait encore être vue à son époque, mais Théophylacte rapporta qu'au temps de l'empereur romain Julien l'Apostat, elle avait été brisée en morceaux.

xxiv Silence in the Bible, Paolo Torresan, Jewish Bible Quarterly, Vol. 31, No. 3, 2003

xxv Yechiel Eckstein, 'More Precious than Pearls', Holy Land Moments Daily Devotional, 3 February 2016

www.ingramcontent.com/pod-product-compliance
Lightning Source LLC
Chambersburg PA
CBHW071010080526
44587CB00015B/2417